歷史不是傳說

打仗將領先單挑，約飯局要兩年後再見？
那些年，古人的小確幸和鳥日子

史杰鵬 —— 著

目錄

前言

古史・新說

說文．解字

目錄

前言

這本書所收的文章，是我研究之暇寫的隨筆，都和歷史有關，絕大部分也都在報紙雜誌上發表過。最早的可以追溯到十年前，最晚也有去年寫的。

我是學古文字學出身的，後來又攻讀訓詁學，研究方向更傾向於語言。但由於這兩門學科都以先秦兩漢的古典文獻為基礎，無法和歷史剝離，加上我個人的性格，對歷史中的悲歡離合比較敏感，於是偶爾就寫點短文抒發一下。據說這麼做的人，血型都是AB型，不過我迄今也沒有查過自己的血型，不知是否屬實。恐怕會有點道理。

當初寫了，就放在網路上，殊不知有一些人喜歡。後來有報社向我約稿，於是不得不繼續，〈武帝打仗 商人埋單〉、〈古人的相貌和生理自卑〉等篇章，就是陸續發表在那些報紙上的。有些則是在其他報刊雜誌上刊登的文章，也有些從未正式發表，就是這樣的狀況。

在閱讀校樣的時候，我有點臉紅，年代越早的文章，越讓我臉紅，寫得實在不好，不談內容，就語言來說，很多歐式長句，讀起來累。但我當時是不覺得的，這大概說明我的審美發生了一定的變化；另外，當然是我寫文章的技巧提高了。所以，雖然讀起來很臉紅，心裡卻有一絲慰藉：我還是有所進步的啊！
當然，有些文章，我至今覺得還不錯。真誠地希望，讀者也能這麼認為。

史杰鵬

古史・新說

魯隱公不愛江山愛道德

都知道英國國王愛德華八世（Edward VIII）的佳話，不愛江山愛美人，為了美人，甘願放棄王位。其實這是誇大了愛德華八世的品德，因為權力會帶給人痴迷，有著無上權力的人，幾乎不大可能放棄權力，無論他受到什麼道德的感召。而愛德華八世，作為一個君主立憲制的國王，權力小得可憐，論名氣，論身分，當然世界矚目，但要論享受權力的快感，可能還不如中國古代的一個縣令。所以，對愛德華八世的品德，不可太迷信，其實我們春秋時代的君主，有些比他高尚多了，比如可憐的魯隱公。

翻開《左傳》，第一個魯國國君就是魯隱公，一位有著高尚品德的貴冑公子。他老爸魯惠公去世的時候，嫡太子公子允還小，不能執政，所以大臣立了惠公的庶長子息姑（名字看似很女性，但確實是男的），也就是魯隱公。按照後世政治的玩法，一朝權在手，便把隱患除。公子允基本上是死定了，不需要魯隱公動手，左右自會主動請纓。當然，這不能怪左右諂媚，而是君主的權力，哪怕在滿眼貴族的春秋時代，也是有些嚇人的。

話說魯隱公這個國君一直當了十一年，公子允漸漸長大成人了，另一個大臣公子翬主動向魯隱公提議：「雖然您一直說自己只是暫時代掌君位，將來必歸政公子允，但老百姓不答應啊，他們都覺得您這個君主最偉大、最光榮、最正確，不如這樣，我幫您殺了公子允，您封我當太宰。」

換了別人，肯定求之不得。當然，公子翬以求封宰相為交換，很可惡，但沒關係，先利用他殺了公子允，然後再宣布他悍然殺儲君，罪大惡極，將之名正言順處死，豈不美哉？但魯隱公卻傻傻地說：「這種事怎麼能做？不行不行。我已經在菟裘那個地方建了房子，很快就要把君位還給他，我搬過去養老。」

公子翬一聽，天下還有這樣的傻瓜。現在怎麼辦？自己的餿主意沒被採納，哪天新君即位，知道了這件事，我還有活路嗎？於是他當機立斷，跑到公子允那裡，說：「魯隱公這人太壞了，想殺掉您，永遠霸占君位。」公子允一聽很感動，當即對公子翬發出指示：派刺客，找機會把魯隱公殺了。

有了公子允的指示，公子翬執行起來大刀闊斧。這年冬天，在一個姓寫的小貴族家裡。公子翬的刺客順利地殺掉了正在那裡齋戒的魯隱公，公子允正式即位，是為魯桓公。

這個故事能給我們不少啟示：

- 首先，道德在中國古代還真有發揮過滿大的作用。
- 第二，道德已經出現危機，敢率先拋棄道德的人，卻成了勝利者。
- 第三，千萬千萬不要拒絕壞人的好意，否則你會死得很慘。

從楚簡看矛盾的楚平王

提起楚平王棄疾，大概誰也不會認為他是一個英明的君主。因為就是他殺了伍子胥之父兄伍奢、伍尚，使伍子胥逃奔吳國，借吳兵攻楚，數次打敗楚兵，最後竟攻入郢都。好在這時楚平王已經死了，伍子胥不能解恨，掘開楚平王的墳墓，鞭笞其屍體。如果不是秦國發兵救援，強大的楚國將因此滅亡，這在楚國歷史上可謂第一次奇恥大辱。照理說，像楚平王這樣的君主，可以算是百分之百的昏君了。

可是事情遠不是如此簡單。從史書上看，楚平王不但智商不低，而且為人還很不錯。他是楚共王最小的兒子，在他上面的哥哥，除了老大楚康王繼承君位之外，還有公子圍、公子比、公子子晳，照理說他沒資格繼位為王。但是楚康王死後，公子圍先殺了姪子自立為王，是為楚靈王。這個靈王好大喜功，得罪了很多權臣，又是性情中人，喜歡離開國都，遊山玩水，長年居住在楚國著名的風景區乾溪。趁著這個機會，幾個心懷怨恨的大臣在一起密謀策劃，將他推翻，扶持流亡晉國的公子比即位。

當叛亂的大臣們帶著甲士衝進郢都的時候，楚靈王還在乾溪玩樂。聽到郢都發生政變，自己的兒子全部被殺，他傷心欲絕，從車中撲倒在泥地上，嚎啕大哭。政變的大臣率兵趕到了乾溪，頒下命令，凡是楚靈王身邊的臣屬、衛士，如果及時返回郢都，都可以保留原先的田產、爵位和薪資待遇，否則不但家產充公，還要全部割掉鼻子；敢收留靈王的，誅夷三族。於是靈王的禁衛軍和親信大臣馬上跑得一乾二淨，靈王本人像野鬼一樣，飢餓地在山中徘徊。就在餓得快要死的時候，一個曾經受過他恩惠的大臣申亥收留了他，供給他吃喝，但是也許是想到自己一無所有，復國無望吧，沒過多久，他就悲觀自縊，死在申無宇（申亥之父）家裡。變態的申亥還眼淚汪汪地讓自己的兩個女兒自殺，為靈王殉葬。

楚靈王生前很喜歡自己的幼弟公子棄疾，先後派他率兵滅了陳、蔡兩國，並且慷慨地封他為陳蔡公，管理這兩個大縣。陳、蔡兩縣各擁有一千乘兵車，實力相當於一個中型的諸侯國。那些反叛楚靈王的大臣，正是假借棄疾的命令，仗著棄疾掌握的這些兵力政變成功的。實力如此強大的棄疾，怎麼會甘心讓流亡在外十三年的哥哥公子比當國君呢？他到處散布靈王沒死，將回國報仇的謠言，使郢都空氣緊張，大臣和百姓都因此惶惶不安，最後逼得公子比和令尹子晳先後自殺。他順理成章接替了君位，是為楚平王。

比起他哥哥楚靈王來，楚平王似乎不算壞，這從他們的諡號也看得出來。因為「靈」是惡諡，而「平」卻是美諡。而且，透過出土的竹簡〈平王問鄭壽〉，我們還知道了楚平王的諡號不是單諡，而是雙諡，全稱為「楚景平王」：

競（景）平王就鄭壽，訊之於尸廟，曰：「禍敗因重於楚邦，懼鬼神之為怒，使先王無所歸，吾何改而可？」鄭壽辭不敢答，王固訊之，答：「如毀新都戚陵、臨陽，殺左尹宛、少師無忌？」王曰：「不能。」鄭壽曰：「如不能，君王與楚邦懼難。」鄭壽告有疾，不事。明歲，王復見鄭壽。鄭壽出居路，以須王。與之語少少，王笑曰：「前冬言曰，邦必喪，我及，今何若？」答曰：「臣為君王臣，介備名，君王踐處，辱於老夫。君王所改多多，君王保邦。」王笑：「如我得免，後之人何若？」答曰：「弗知。」

簡文的內容是講楚平王問大臣鄭壽：「楚國禍亂頻仍，恐怕鬼神會發怒，怎麼辦？我怎麼改過才會逢凶化吉。」鄭壽勸道：「如果毀掉新建的城邑戚陵、臨陽，殺掉讒佞的大臣左尹郤宛、少師費無忌，大概可以改善國運。」楚平王搖搖頭，說：「我做不到。」鄭壽就警告他：「如果做不到，那君王和楚國都可能遭受不測之災。」之後鄭壽稱疾不上班。第二年，楚平王又召見鄭壽，笑問他：「你曾經告訴我，我們國家會滅亡，我個人也會趕上這個不幸。現在怎麼樣呢？」言下之意鄭壽當時是危言聳聽。鄭壽只好回答說：「君王已經改了很多，所以國家沒有覆亡。」楚平王又笑問：「如果我能逃脫災禍，接替我的人會怎麼樣？」鄭壽回答：「不知道。」

從這幾段簡文可以得知，楚平王當時對自己國家的危難處境是清楚的。他本來是個名聲很好的人，還在當陳蔡公的時候，晉國貴族叔向就曾讚揚他治政清明，使得朝中苛慝不起，境內盜賊平息，還能控制自己的私欲，以順應民心，很得百姓擁護。這些評價都是很實在的，平王確實因此順利地獲得了國君的位置。可是偏偏在他即位為楚王之後，卻控制不了自己的情欲，最終為國家帶來了滅頂之災。

事情的緣起是因為他的太子建，他為太子建請了兩位師傅，一位太傅，即伍奢；一位少傅，即費無忌。太子建不喜歡費無忌，只和伍奢關係好，費無忌因此懷恨在心。楚平王即位的第二年，派費無忌到秦國去為太子建迎娶妻子，費無忌回來後就勸平王：「秦女長得非常漂亮，君王不如自己娶了享享豔福，太子那邊，幫他另娶一個就是了。」平王一聽當即心動，於是強娶了自己的兒媳，還生了一個孩子，取名為熊珍。

大概是怕太子懷恨，過了四年，平王把十九歲的太子派到邊境城邑城父去守邊。費無忌繼續在平王耳邊讒毀太子：「君王娶了太子的妻子，太子一定會怨恨。現在太子在城父，天天練兵交接諸侯，只怕有朝一日會帶兵來搶奪君位。」平王害怕了，因為當年他也是為楚國守衛邊境，這個楚王的位置就是這麼搶來的。於是他召見伍奢，責備伍奢沒有教導好太子，將伍奢父子殺死，又派司馬奮揚去城父殺太子建。幸好奮揚同情太子建，早早通風報信，讓太子建逃走了。伍奢的小兒子伍子胥逃到了吳國，發憤圖強，天天教吳王練兵，進攻楚國。楚國屢敗，為此疲憊不堪。簡文中平王對鄭壽的抱怨，應當就是在這種時時受到吳國騷擾的處境下發出的。

而且從簡文中可以看到，平王的確不算一位暴君，面對鄭壽的直言不諱，他沒有惱怒。鄭壽因此稱疾抗議，他也沒有在意。要是換個暴君或者昏君，鄭壽肯定性命不保。第二年他召見鄭壽，言語中似乎有些得意，好像證明鄭壽的預言失敗了。但他究竟不敢肯定，因此問鄭壽，即便自己有生之年逃脫了災禍，接替他的太子不知道會怎樣。由此可見，他也知道，這個國家的危機極為深重，絲毫沒有得到解決。果然，在他死後十年，吳兵三戰三敗楚兵，緊追入郢，將他從墳墓裡拖出來鞭屍。他兒子，也就是楚昭王到處流亡，險些性命不保。

奇怪的是，對這位為楚國帶來深重災難的楚平王，楚國人似乎並沒有心懷怨恨。在他剛死的時候，他們不但給了他「景平」兩個字的美謚（按照謚法：治而無眚曰平，布義行剛曰景），而且都衷心擁護他幼小的兒子熊珍為王。甚至他的子孫，一直在楚國占據著很重要的地位。以前我們知道，楚國地位最高的貴族是昭、屈、景三家，號稱「三閭」。按照那時的情況，各諸侯國內的貴族大部分都是王族支脈，楚國也是如此。他們的姓氏不少是取自他們所出王的謚號，比如昭氏就是楚昭王的後裔；屈氏是楚武王的後代，因為後裔封在屈這個地方，所以以地為姓；而景氏就是這位楚平王（全稱為楚景平王）的後裔。一般來說，如果一位楚王不是有較好的政聲，他的後裔不會如此顯赫繁茂。楚武王熊通開拓疆土，在楚國歷史上立有赫赫功勛。楚昭王，也就是楚平王的兒子熊珍，因為不肯使巫祝移過於大臣的舉措，曾受到孔子的讚美，是楚國著名的賢君。楚平王的後裔能和他們並駕齊驅，想來在楚國人的心目中，印象不會太差。

事實上也確實如此，楚國人認為，所有的錯都是費無忌造成的。楚平王死後，費無忌向令尹子常進讒言，殺了左尹郤宛全家，引起了國內一片怨言。沈尹戌因此勸子常道：「殺郤宛這件事，你做錯了。費無忌這個人人品很差，當年太子建逃亡，伍奢被殺，都是費無忌向平王進讒言，掩蔽了平王的耳目。不然的話，以平王的溫惠恭儉，比楚國的先代賢王楚成王、楚莊王還要有過之而無不及，又怎麼會最終搞得和諸侯不睦呢？」

自古以來，政治的敗壞，下層百姓總認為是奸臣的過錯，君王都是好的。這一方面是因為君王身分太高，不敢否定，而將批判指向大臣，還可以不承擔因之帶來的後果；另一方面也反映了愚昧百姓的真實想法，他們心目中的楚平王，確實是有政績的，而且遠遠算不上暴虐。

客觀地說，楚平王的為人的確不差，史書的記載和上面所引的竹簡簡文皆可以為證。他只是因為英雄難過美人關，搶了兒子的老婆，從此在內心留下了內疚和陰影，以致不得不在後來處處彌縫，陷入無休止的被動之中，最終殺親子、屠良臣，鬧得不可收拾。這其中費無忌雖然有比較多的影響，但楚平王本人也不可推卸責任。劉備說得好：「勿以惡小而為之。」說起來是容易的，奈何人究竟難以抵禦私欲，如果當時楚平王能受到一定的約束，即使想那麼做也做不到，又何至於有後來的一系列惡果呢？

生搬硬套地評價一下，算是曲終奏雅：絕對的權力導致絕對的災難，其楚平王之謂乎！

「弦高犒師」和愛國主義

「弦高犒師」是《左傳．僖公三十三年》裡的一個故事，說的是秦國想偷襲鄭國，被鄭國商人弦高發現了，弦高就假裝成鄭國的使者，從半道上截住了秦軍，並且假借鄭君的名義送了十二頭牛對秦軍進行犒勞，暗示鄭國已經知道秦軍的行動。當然，這個弦高可實在夠倒楣的，損失夠大，一下子丟了自己的十二頭牛。在當時，的確不是一筆小數目。而這個故事在大部分人眼裡，表現出的是「愛國主義」的典範。

再說春秋時代，每個諸侯國的人都很愛國，似乎又不是那麼回事。就拿一個叫衛懿公的人來說吧，他喜歡養仙鶴，本來這不是什麼毛病，誰沒個愛好，養鶴好歹也是陶冶情操的事情，總比酗酒抽菸等不良嗜好要好些吧。可是偏偏這傢伙仗著自己是個國君，把那些鶴全部封了「大夫」。那時候，「大夫」這個職稱可不是鬧著玩的，官到了這個級別，馬上就有扈從、田產和車馬侍候著，也就是說食有魚、出有車，不奏樂就吃不下飯。人家孔子跑遍天下到處遊說，當了多少年的老師，忙了半天，才混上個下大夫的職稱，憑什麼這鶴一點貢獻沒有，卻過得如此之爽？衛國的老百姓對鶴們嫉妒得要死，可是無可奈何。後來，敵人來攻打衛國，衛懿公慌了，要在太廟授兵，派老百姓去幫他抵禦。老百姓們這下不願意了，說：「有職稱的是鶴，讓牠們去幫你打吧，我們這些賤民哪裡配幫您打仗？」一哄而散，結果這個衛懿公就當了俘虜，國家也滅亡了。

這兩個故事一連繫，我越來越疑惑了。看來身為哪個國家人，就愛哪個國家，這個說法靠不住。鄭國和衛國都是姬姓國，而且衛國人的祖先是赫赫有名的衛康叔，比鄭國人的祖先周厲王風光多了。難道在康叔他老人家的德化薰陶下的國民，反而會比鄭國國民的品行差？後來我看《左傳》，似乎有點明白了，什麼愛國主義，全是毫無根據，關鍵還是利益。

可是弦高犒師會有什麼利益？這要先從鄭國的歷史和地理位置說起。在所有的姬姓國中，鄭國是建國最晚的，一直拖延到西周晚期。它的故土本來在關中的鄭地，後來周平王在犬戎的壓力下東遷，鄭國也很怕，只好跟著宗主跑。它採取坑蒙拐騙的手段奪取了今天河南的一大塊土地，將那地方改名為新鄭。不過它的土地究竟有限，特別是晉國和楚國崛起後，它夾在兩個大國之間，十分難受。所以縱觀一部春秋史，沒有哪個國家是像鄭國這樣反覆無常的了：晉國打來了，就和晉國建立外交關係；楚國來了，就背棄晉國，投入楚國的懷抱。鄭國的貴族自己也不諱言這一點，也毫不為恥，在和晉國數不清的盟誓中的某次，它的盟辭就是：「天禍鄭國，使介居二大國之間，大國不加德音，而亂以要之，使其鬼神不獲歆其禋祀，其民人不獲享其土利，夫婦辛苦墊隘，無所底告。自今日既盟之後，鄭國而不唯有禮與強可以庇民者是從，而敢有異志者，亦如之！」看，它清楚地說了，我鄭國如果不老老實實地服從軍事政治力量強大的國家，那將會受到鬼神的報應。當時參與盟誓的晉國大夫荀偃怒道：「你這樣寫盟書怎麼行，這不是貪利忘義的做法嗎？」鄭國的貴族狡猾地回答：「改盟誓已經來不及啦！盟誓都可以隨便改，那麼還有什麼不能做的？」不過說老實話，鄭國要是不狡猾，早就被楚國和晉國瓜分了。再說人家鄭國也可憐啊。本來在河南一角好好地過日子，招誰惹誰了？偏偏你們一定要輪流去打人家。每次大軍一到，鄭國都是免不了要出血，用納稅人的錢去招待兩邊的士兵。

鄭國好像也的確是個富裕的不得了的國家，國土就那麼點，可是商人卻很多。我們在先秦典籍中經常看見鄭國的商人，在天下到處奔走，倒買倒賣，可見鄭國是很重視商業的。河南又是天下的輻輳，地勢平坦，交通發達，經商大概比較方便。而且，我還懷疑，鄭國的服務業也很發達，比如唱歌跳舞啊，都是鄭國的特長。這讓後來堅持農業社會倫理的孔子很看不慣，氣得說要「放鄭聲，遠佞人」。這也是有證據的，鄭國每次要外交，總要送幾個藝人致敬。比如魯襄公十一年，鄭國就賄賂了晉侯三個名叫「師悝」、「師觸」、「師蠲」的樂師，外加廣車、軘車各十五乘，總共兵車百乘，歌鐘二肆，還有一套套的鎛磬，外加妙齡女郎十六個。送美女我們都能理解，可是送三個瞎眼的糟老頭子（那時候一般樂師似乎都是盲人）給晉侯，而且排在禮品清單的第一頁，遠遠位居美女之上，這是為什麼呢？這說明那三個糟老頭子的確有點本事，的確讓鄭國拿得出手，拿得有恃無恐。再比如魯襄公十五年，鄭國為了和宋國外交，又送給宋國馬車四十乘，外加「師焥」、「師慧」兩個樂師。可見，把藝人當禮品的確成了鄭國的特色，只此一家，別無分店。大家都知道，國家越發達，娛樂產業在 GDP 中所占的比重越大。所以鄭國雖然夾在晉、楚這兩個不要臉的大國之間，仍然活得很好，實在不是沒有原因的。他們雖然對晉國謙稱自己是「蕞爾邦」，大概只是一種不敢過分炫富的矛盾心理吧。

不過鄭國雖然適合發展娛樂產業，可是還得有配套政策啊。鄭國也一樣，昭公十六年發生的一個小故事可以透露一點訊息。那年的三月，正是草長鶯飛的季節，晉國的上卿韓宣子到鄭國來做友好訪問。說是訪問，其實就相當於視察。韓宣子是晉國的執政，而晉國是春秋兩百多年的霸主，得罪了韓宣子，就相當於得罪了整個晉國的士兵，絕對沒有好果子吃。所以鄭國國君親自接見，在鄭國的國賓館舉行了會晤。主客雙方在友好的氣氛中交換了意見，可是在某些主要問題上卻並沒有達成一致。原來韓宣子有一個玉環，可能很值錢。這玉環早先應該是一對，可是韓宣子只有其中一個，另一個在鄭國某富商的手裡。自然，他來鄭國的目的之一就是把另外那個玉環弄到手。在酒席上，他就對鄭侯委婉地表達了這個要求，猜想鄭國肯定會趕著送上。孰料鄭國的執政子產卻不肯買帳，他解釋說：「您老人家要的那個玉環不是我們官府的東西，我們國君恐怕愛莫能助。」其他幾個鄭國貴族聽見子產這樣漫不經心地打官腔，說些不著調的外交辭令，嚇得不輕，趕忙將他拉到一邊，勸道：「老兄啊，你怎麼能這麼說話？這個韓宣子我們可惹不起啊，要是他不高興，回去帶了幾萬士兵來，我們可就虧大了啊，後悔也來不及了啊。老兄何必吝惜一個玉環呢？還是想辦法從商人那裡找來給他，破財消災吧。」子產說：「你們才真叫不懂事呢，是韓宣子又怎麼了？他要什麼就給他什麼，這不但不符合禮節，還會助長他的貪欲，到時我們哪有那麼多寶物來滿足他。而且他因為一個玉環的罪狀來討伐我們，傳到國際上去，他好意思嗎？在聯盟大會上，他好發言嗎？」

說實話，這個韓宣子畢竟是晉國的貴族，算不上無賴，比起後世的王瑾、魏忠賢等人，品行高多了。他看在國君那裡要不到，只好親自去找那個商人買。商人嘟囔說：「賣給你沒問題，不過按規矩，這件事得向我們的政府首腦彙報一下。」韓宣子就又去找子產，很疑惑地問：「先前跟你說到玉環的事，你不肯答應，說政府管不了商人。現在我去向那商人買，他卻說一定要先報告政府，能不能說說原因？」子產明白是怎麼回事了：這傢伙肯定是捨不得花大價錢，拚命壓價強買，於是解釋道：「老韓啊，你不知道啊，當年我先君桓公來這裡建國的時候，是和一幫商人一起來的，他們共同艾殺蓬蒿，開闢了這個地方，而且定下了世世代代不能違背的盟誓，盟誓辭裡說了：『你不要背叛我，我也不強買你的貨物，更不會強搶你的貨物。你有什麼財寶，我也不想染指。』就是靠著這樣的盟誓，我們和商人們才能相保以至於今天。現在您老人家來訪問我們國家，卻想叫我們政府強搶商人的東西，這是嚴重的違背盟誓的行為，會遭天譴的！而且如果我們開了這個惡例，商人們就不再會覺得鄭國是安全的了，很快就會跑得一乾二淨了——實話說吧，如果鄭國娛樂產業衰落下去，今後你們再來要錢，我們恐怕也拿不出了。因為稅收的來源沒有了。」韓宣子一聽，傻眼了，只好訥訥地說：「那個玉環我不要了。」因為殺雞取卵的方法他不想做，也不敢做，假如回去後遭到國君責難，那就死有餘辜了。

我繞著圈子說了這麼長的話，無外乎就是想說，弦高的所謂愛國主義是可疑的。他是個商人，懂得鄭國如果完蛋的話，再也不會有比它更好的政府來保障商人的權益了，那時還沒有其他國家的政府肯和商人簽訂盟誓。他雖然丟了十二頭牛，可是換來了更長遠的利益。更何況，我們還可以假設，他的那十二頭牛，鄭國政府有可能會賠償給他。他真是個幸運兒，因這件事，他真可以說是名利雙收呢！

〈昭王毀室〉和春秋末年社會思潮

自從近十多年的戰國文字資料《郭店楚墓竹簡》和《上海博物館藏戰國楚竹書》出版以來，很多研究思想史的學者都聲稱，這些失傳古書的出土，將使我們對先秦兩漢思想史有新的認識，尤其可以增加我們對於先秦儒家子思學派的了解。更有學者認為，這些竹書將在一定程度上改寫思想史。我個人一向覺得這些觀點過於誇張，因為那些資料所反映的思想基本上能在傳世文獻中找到。但是《上海博物館藏戰國楚竹書（四）》中有一篇〈昭王毀室〉，卻讓我對先秦，尤其是楚國國君和百姓之間的關係跌破眼鏡。

〈昭王毀室〉講的是春秋時期楚昭王時代的一個故事。全文記載在五枝竹簡上，簡文略有殘缺，但內容基本完整，不影響我們對文意的理解。為了便於講述，我先將竹簡釋文引在下面，由於竹簡通假字較多，現參照一些學者的考釋觀點，基本採用通行字隸定：

昭王為室於死（夷）沍（沮）之滸，室既成，將落之。王誡邦大夫以飲酒，既型（請）落之，王入，將落。有一君子喪服冕，廷，將閨。稚（寺）人止之曰：「君王已入室，君之服不可以進。」不止，曰：「小人之告（此處有缺漏字），將斷於今日。爾必止小人，小人將召寇。」稚（寺）人弗止，至閨。卜令尹陳省為視日，告：「僕之母（毋）辱君王，不幸僕之父之骨在於此室之階下。僕將亡老……以僕之不得併僕之父母之骨，私自（坿？）。」卜令尹不為之告。「君不為僕告，僕將召寇。」卜令尹為之告……曰：「吾不知其爾墓，爾姑須既落，焉從事。」王徙居於坪瀧（瀨），卒以大夫飲酒於坪瀧（瀨），因命至俑（傭）毀室。

總體來說，這篇簡文的敘述，和一般的傳世古書相比，言辭稍嫌簡單。比如有的地方省略了說話者，粗看過去，不容易讀懂。還有個別詞語不好理解，有待於進一步研究。但基本文意還算可以貫通，我這裡就稍微詳細地解說一下。故事說的是楚昭王在夷水和沮水之間的岸邊建了一座新宮殿，將要舉行落成典禮，召集了朝廷士大夫去飲酒慶賀。有一個君子穿著喪服，戴著孝帽也想闖進去。新宮的守門人兩手張得像鳥翼一樣，鼻子裡噴出一串串不耐煩：「去去去，你這小子穿戴著孝服，還東跑西跑的，真晦氣！快滾，大王正在飲宴，可不想見你這個掃把星。」閽宮者語氣非常謙恭，但是軟中有硬：「小人要向大王告狀，而且一定要在今天見到大王。要是你阻止小人，小人只好去招引強盜來了。」守門人倒吸了一口冷氣，讓他進去了。閽宮人心裡不屑地哼了一聲：也是個沒底氣的傢伙。他大搖大擺地往裡面走，一直走到宮中的小門處，終於驚動了楚王。

卜令尹陳省今天正排上為昭王值班，當然要履行職責，也攔住他：「哪來的野小子，王宮也敢闖？」閽宮人站住了，還是不卑不亢地扠手行禮：「僕並不是想侮辱君王，只不過僕父親的骨頭埋在這個房子的臺階之下。僕將祭祀……僕現在不能把僕的父母的遺骨合葬了。你老人家是君王的值日官員，你看怎麼辦吧？」看，他語氣多含蓄啊，自稱「僕」。可是在中國古代，光憑這麼點謙卑就想打動官僚，那不是做夢嗎？卜令尹當然不想為他報告這件事，說：「滾蛋滾蛋，什麼貨色，還想見我們大王。」

閽宮人沒有辦法，只好又來硬的：「君不肯為僕報告大王，那僕只好去招引強盜來囉。」看，又是這一套，不過很有效。卜令尹聽到這句，臉色變了，趕緊跑去報告：「大王大王，不好啦不好啦，有個人要見你，說如果你不見，他就要招引強盜來。」後面是什麼，簡文有殘缺，總之是楚王屈服了，怯懦地向此人賠禮：「我不知道這個地方是你家的祖墳，你稍微等一下，我典禮完畢就走，到時你想幹什麼就幹什麼。」閽宮人正色道：

「大王，知錯就改，果然英明，不過，還等您喝完這輪，這不是怙惡不悛嗎？再說了，您也別急著走，您瞧瞧，我這細手臂細腿的，手無縛雞之力，怎麼拆？您要這麼一拍屁股走人，把這麼大的房子留在這裡可不行。」天哪！人家君王都不要那宮殿了，還不讓人走。

楚王聽他這麼一鬧，生怕他再叫嚣要「召寇」，趕忙息事寧人地說：「好吧，先生不要生氣，我幫您拆掉算了，保證把現場清理得乾乾淨淨的。」說著楚王馬上招來手下：「還愣在這裡幹什麼？還不趕快準備幾輛馬車，到郢都找人來幫這位先生拆牆。」

關於闖宮者的身分，我們需要根據簡文裡人物的稱謂討論一下。簡文開始說闖宮者是「一君子」，按照我們對春秋時代的普遍認識，君子是指貴族，那麼這個闖宮人還不算是普通老百姓。但是一個貴族怎麼動不動就聲言去招引盜賊？當然，「召寇」的「寇」我們既可以理解為普通群盜，也可以理解為他國的軍隊。在先秦古書中，「寇」當他國軍隊來講的例子是屢見不鮮的。然而就算是一個小貴族隨便以招引他國軍隊來威脅他的君王，也是頗不尋常的。這個君子對守宮門的人自稱「小人」，可能是一種自謙的稱呼，並不一定表示自己的地位不如守門人，也不能說明他是一個普通百姓。在《包山楚簡》裡，有很多官吏對上級官吏都自稱「小人」，而普通百姓向官吏告狀也自稱「小人」，這說明這個自稱不代表他們的社會身分，只代表官階高低。何況簡文中的閽宮人對守門人的稱呼是「爾」，這是一種不很客氣的稱呼，這至少說明，那個守門人的地位不見得比他高。但是以「小人」自稱，又至少說明，他也不是什麼大人物。按照《周禮．天官冢宰》的記載，貴族按照等級的不同，他們墳墓的封土規格也是不同的。孔子說：「古者墓而不墳。」說的也是比較古老的情況，在春秋時代，也許開始有封土的墳墓了，有的學者就贊同那時有封土墓。如果閽宮人是個大貴族，他的家族墓地一定不至於太不顯眼，以至於楚王派去建宮殿的人可以將之完全忽視。何況，楚王在新宮落成典禮時，命令貴族們都去飲宴，如果閽宮者地位很高，應該會在飲宴的邀請者行列。這些都說明，這個閽宮者的地位也不會太高。

閽宮人見到卜令尹的時候換了一種稱呼，自稱「僕」。在當時的楚國，「僕」有可能是面對楚王時才採用的一種專門稱呼。在《包山楚簡》一三一號到一三九號簡記載的一個完整案例當中，告狀的幾個普通百姓——「陰人」對陰縣的地方官都自稱「小人」，後來因為陰縣的地方官吏沒有為他們公正斷案，他們又直接上書楚王。在上告楚王的文書中，他們自稱「僕」，可以為證。在上揭的這段簡文中，卜令尹顯然是作為「視日」（楚王辦公室的值日官），代表楚王來詢問閽宮者的，所以閽宮者實際上是對楚王說話，符合對楚王自稱「僕」的慣例。至於楚國人為什麼都對楚王自稱「僕」，還有待研究，也許僅僅是想表明這樣一種觀念：楚國的所有民眾，無論貴賤，對於他們的君王來說都是僕人。

再分析簡文內容，有趣的是，一國之君建個宮殿竟不能隨心所欲，國人因為這宮殿建在自己的家族墓地上，就穿著孝服去搗亂。而且守宮人和卜令尹一開始都不想理會他，卻在他一再敦告「將召寇」的威脅下，不得不報告楚王，楚王最後也只能將新建好的宮殿拆除了事，這和我們印象中的古代社會簡直大相逕庭。《詩經》裡說：「普天之下，莫非王土。」這是講周王的權威。至於諸侯，在自己的封國內，也自然是可以隨心所欲的。春秋時代的楚國，雖然也有大大小小的封君貴族，弒君之事也偶爾會發生，但那都是上層貴族內部之間的衝突，具體到一個小人物以招引強盜來威脅君王改變主意，這種情況似乎還聞所未聞。西方君主立憲制有一個自豪的說法是，普通百姓對自己的房子有絕對主權，「風能進，雨能進，國王不能進」。但在楚國，連一個百姓的墓地君王也不能隨便徵用。從表面上看，民權幾乎要駕君權而上之了。當然，它們仍有具體差別，西方公民是透過法律制約君王；而楚國小貴族卻只能揚言「召寇」來威脅君王，兩者之間是不可同日而語的。後者和「水能載舟，亦能覆舟」的道理仍是一樣的，君王怕的是被武力推翻，總歸來說在思想上沒有太大新意。只是由一個國民對君王親口威脅，這種情況過於奇怪罷了。

至於閽宮者為什麼兩次以「召寇」來威脅楚王，也許正好反映了一種特定時代的社會狀況。我們知道，楚昭王在位的時候，楚國一直不大太平，屢次和以吳國為首的諸侯國發生戰爭。楚昭王十年的冬季，更是大敗於吳國，吳兵還直接攻入了楚國的郢都。昭王倉皇出亡，途中多次遇險，一開始被雲夢人射傷，繼而差點被鄖公的弟弟殺掉，最後逃到隨國，也險些被出賣。他對這些遭遇可能記憶猶新，所以當閽宮人威脅說要「召寇」時，他很快軟了下來。而且，這次險些亡國的事件就是和他父親楚平王的胡作非為有關。當年楚平王因為聽信奸臣讒言，殺了大臣伍子胥的父兄，伍子胥出逃吳國，發誓報仇，親自訓練吳國的軍隊，並率兵長驅郢都，雖然楚平王已死，卻仍被伍子胥掘墓鞭屍。按照文獻記載，伍氏家族也是楚國的貴族，血統高貴，符合「君子」身分。所以楚昭王一聽到這個閽宮人也要「召寇」，擔心又惹來破國的慘劇，只好服軟了。春秋時代，「楚材晉用」赫赫有名，楚王不愛惜自己的人才從而為國家帶來禍患，這在昭王腦子裡也許留下了永恆的陰影。

當然，簡文記載的這個故事也許並不是真的，只是為了在政治上美化先王的需要。因為《晏子春秋》內篇的〈景公路寢臺成逢于何願合葬晏子諫而許〉一章和《晏子春秋》外篇的〈景公臺成盆成適願合葬其母晏子諫而許〉一章裡，就記載了類似的故事。不過，這兩章的主角都只是聲言，如果景公不允其願，就絕食抗議，以死明志，和我們談的簡文中主角威脅「召寇」截然不同。很可能簡文的這個故事，是在《晏子春秋》的那個故事基礎上改造的，但進行了楚國本土化的加工，只是為什麼安在楚昭王身上呢？因為楚昭王在春秋時代，算得上是一個賢良的國君，古書中記載了他不少美好的事跡。一直到臨死前，他還耿耿於懷自己在位期間楚國屢次兵敗於吳國的慘痛，一再自責自己不夠稱職。他也的確一生都處在和吳國打仗的痛苦當中，最後甚至就死在和吳國對陣的軍營裡。他死前還對士大夫勸自己禱告上天山川，把疾病移給臣下的意見表示拒絕。楚國人之所以寫這麼一篇文章，大概是對楚昭王賢明的一種表彰吧。

〈魯邦大旱〉·孔子·愚民

在我們常人的印象中，儒家是不相信鬼神的，至少孔子不語「怪力亂神」。他的學生子貢也說過：「夫子之文章，可得而聞也；夫子之言性與天道，不可得而聞也。」儒家向來敬鬼神而遠之，這點毫無問題，他們追求的是在人世間建立一個理想的天國，而絕不冀望來世。

然而，人世光陰只是一霎，靈魂沒有寄託，生在現世，有什麼樣的信念能讓他們遵循秩序呢？這實在是可感可慨的事情。

孔子是很輕視大眾的，這不在於他是多麼自負，多麼高高在上。只是他有智力和教育兩項標準。如果一個人的智力達到了能夠接受教育的水平，他也未必會輕視。

「民可使由之，不可使知之。」此話出自《論語·泰伯》篇，是孔子的名言。這句赤裸裸輕蔑大眾的話，曾經遭到無數人的詬病，實際上卻是真理。有些維護儒家的學者，要假裝民粹，為孔子這句話做辯解，說什麼它應當讀為：「民可使導之，不可使知之。」也就是說，如果統治者要做什麼大事，需要先耐心開導百姓，讓百姓理解之後再去施行，顯得孔子是站在人民這邊的，實在是沒有必要的。

確實，「由」和「導」的古音是相近的，在湖北荊門郭店楚墓出土的戰國竹簡裡，也有這句話，其中的「由」字也確實是寫成「道」，可以讀為「導」的。可是，這兩個字究竟又有什麼不同呢？「導」的意思絕不會是開導、引導，而是指統治者要充分了解百姓這個群體的習性，用他們最能接受的方式去治理他們，否則為什麼接下來要說「不可使知之」呢？以前的烏魯木齊，是被稱為「迪化」的，而那個「迪」，和它的聲符「由」一樣，其實也是「導」的意思，在古人看來，那麼偏遠的地方，王化未至，是需要儒家文明去為他們指出一條王化的康莊大道的，那是強制性的灌輸，或者是誘導（其實，誘、導兩個字就是同源詞），而絕不會是商量式的開導。事實上，像孔子這麼自負的人，哪裡會有耐心去一個個開導老百姓，雖然他說「自行束脩以上，吾未嘗無誨焉」。只要交了學費，他就會履行教育的職責，但學生能不能理解，也不是他的意志所能決定的。而且就算你想這麼賣力，也絕對毫無效果。「民不可與慮始，而可與樂成」，這句話說得簡直無比正確。

主題先行，曲解文獻，總是現在一些所謂新儒家的通病。更何況，就算「導」和「由」有一點不同，誰又能肯定《郭店楚墓竹簡》裡的「道」不是「由」的通假字呢？其實，看不起民眾，也沒什麼可丟臉的。民眾要想被看得起，總得把自己變得聰明一點，勤練內功，以便自己進入被看得起的行列，這才是正經。

當然，儒家的看不起民眾，和法家的愚民政策還是頗有不同的。儒家知道民眾大部分是「不可使知之」，也就是沒有能力讓所有的人變得聰明起來，這是消極的愚民；而法家愚民卻是積極而不遺餘力的，碰到聰明的必定打壓甚至消滅，因為人聰明了就不好統治。和儒家比起來，這就是可惡的，因為這剝奪了人上進的機會。

話扯遠了，我們回到孔子這裡來，關於對民眾的蔑視，我們從楚簡的〈魯邦大旱〉裡更可以看出孔子的一貫立場。

〈魯邦大旱〉是由六支殘簡組成的：

魯邦大旱，哀公謂孔子：「不為我圖之？」答曰：「邦大旱，無乃失諸刑與德乎？」「唯……之何哉？」孔子曰：「庶民知說之事鬼，不知刑與德，汝毋愛圭璧幣帛於山川，正刑與……」出遇子貢，曰：「賜，而聞巷路之言，毋乃謂丘之答非與？」子貢曰：「否。」「抑吾子重名其與？」「若夫正刑與德，以事上天，此是哉。若夫毋愛圭璧幣帛於山川，毋乃不可。夫山，石以為膚，木以為民，如天不雨，石將焦，木將死，其欲雨或甚於我，或必恃乎名（禜）乎？夫川，水以為膚，魚以為民，如天不雨，水將涸，魚將死，其欲雨或甚於我。又必恃乎名（禜）乎？」孔子曰：「嗚呼……公豈不飯粱食肉哉？抑無如庶民何……」

雖然殘缺，卻不妨礙我們理解文義，簡文是講魯國發生了大旱災，魯哀公就找來孔子，詢問對策。孔子回答說：「大旱的原因，是刑和德兩個方面沒有做好，政治不夠清明。只有政治清明了，上天才會普降甘霖的。」可惜簡文後面殘缺了，孔子還說了些什麼，我們不知道了。

接著大概是魯哀公帶著哭腔問：「過去的事不提了，當前該怎麼應付這個旱災？您老人家倒是給出個具體主意。」

孔子回答：「唉，火燒眉睫了，現在做好政治來不及了，好在老百姓沒有文化，不懂得這麼高深的道理。他們以為用『說』（古代祭祀禳災的一種）這種辦法來祭祀神祇就可以了。所以只要主公你肯破財消災，不吝惜金錢幣帛去祭祀境內的名山大川，老百姓就會歡欣鼓舞。至於政治清明，等搞定這件事再說吧。」

魯哀公開心地命令相關部門去辦。過了幾天，孔子出門，在路上碰到子貢，有些心虛地問：「賜啊，最近你有沒有聽到街巷裡的老百姓怎麼議論我？有沒有人說我給主公的建議不可行？」

子貢似乎有些不高興：「沒有。」

孔子看出來了，問道：「你理解我為主公出的主意嗎？不然你說說你的看法？」子貢說：「關於這件事，我認為正刑德，做好政治，才是最正確的辦法，可是您老人家卻說要不惜金錢去祭祀山川，簡直是莫名其妙啊。山，它的石頭就像肌膚，樹木就像百姓，如果天不下雨，石頭將會枯焦，樹木將會死去；川，它的水流就像肌膚，魚就像百姓，如果天不下雨，水流就會枯竭，魚也會死掉。所以，山川想要天下雨的欲望比我們人還要強烈得多，我們祭祀它們有什麼用呢？」也難怪子貢發牢騷，「夫子之言性與天道，不可得而聞也」這句話就是子貢說的，他從來沒聽過孔子談鬼神，現在當然沒辦法理解。

孔子嘆氣道：「唉，你真是不懂事，主公他老人家這麼關心百姓，算是很不錯了。難道發生旱災，會影響到他嗎？就算物資再缺乏，都少不了他老人家的，他照樣可以飽食粱肉。我要他祭祀山川，只不過是騙騙那些老百姓罷了。」

下面的話因為殘缺，我們不知道孔子具體說了什麼，不過可以推測出他的意思，他是說，自己之所以建議魯哀公去祭祀山川，其實都是為了迎合老百姓的需要，並不是自己真的相信鬼神。魯哀公也一樣，他也並不是相信祭祀山川之後，就真的會下雨，但是這種姿態必須要做出來，以證明自己愛民如子。

這就是所謂的「聖人以神道設教」。自古凡是聰明的君主，都知道鬼神不可信。但是百姓這個群體是愚蠢的，你要跟他們談什麼地球自轉、太陽公轉、回歸線、氣候、季風、北大西洋暖流之類，闡述發生旱災的原因，多半是白費力氣；而設想一個高高在上的神明，既省事，又管用，這就是統治的藝術。孔子顯然是精通這一套的，對付這樣一個愚昧的群體，企圖透過對他們講道理的方式去做某件事，那是注定會失敗的。法國人勒朋（Le Pen）曾經說過，百姓是一群絕對的烏合之眾，即使是最有理智的人，一旦成為群體當中的一員，激情和愚昧馬上也會將他淹沒。她精闢地闡述道：

世上的一切偉人，一切宗教和帝國的建立者，一切信仰的門徒和傑出的政治學家，甚至說得再平庸一點，一群人裡的小頭目，都是不自覺的心理學家，他們對於群體性格有著出乎本能但往往是十分可靠的了解。正是因為對這種性格有正確的了解，他們能夠輕而易舉地確立自己的領導地位。

像孔子這樣偉大的思想家和政治家，難道還不懂得民眾的心理嗎？相比之下，子貢終究是嫩多了，基本上是個只會紙上談兵的書呆子，很奇怪的是，這麼呆的一個人，怎麼能在爾虞我詐的商界獲得那樣巨大的成功呢？

每當看見「歷史是由人類創造的」這類話，就覺得有趣。作為人類的一員，我自然希望這句話是真理！可是，我終究不是掩耳盜鈴的人啊！

野蠻「拆遷」與忠臣造反

楚漢爭霸的時代，項羽和劉邦一共打了四年，才分出勝負。最後項羽在烏江自刎，劉邦一併天下，稱為漢高祖。

我們知道，項羽力大無窮，是超級軍事天才，一生大小七十餘戰，從未敗過。而最後之所以淪落到烏江自刎，主要在於政治上太幼稚，不知道團結一切可以團結的人。而劉邦卻老謀深算，拉攏了一切可以利用的人，最後勝出。

當然勝出之後，劉邦還得把那些太厲害的幫手除掉，才能鞏固自己的政權。這裡面就包括兩個叫韓信的人。

其中一個淮陰侯韓信，劉邦早就果斷下手，將其軟禁到自己身邊。因為那傢伙也是個超級軍事天才，放在外面駕馭不住，要是給他一個機會和自己交戰，只怕自己這個皇帝是當不成了。另外一個韓信，本事差些，劉邦不怕他造反，就怕他不造反。但是怎麼逼他造反呢，劉邦採用的是野蠻「拆遷」的辦法。

這個本事一般的韓信，是戰國時韓襄王的孫子，因為勇武被劉邦賞識，死心塌地的幫劉邦打天下。項羽死後，劉邦封他為韓王，疆域為老韓國的一部分，在秦朝屬潁川郡。國土已經算很小了，但劉邦仍舊不放心，因為潁川北近洛陽、鞏、滎陽、成皋，南近宛、葉，東靠陳、淮陽，都是天下至關重要的樞紐。一旦天下有變，韓信只要發兵北據成皋，漢兵就出不了函谷關。所以在第二年，劉邦就迫不及待地對韓信說：「你武功這麼高，待在內地可惜了，不如去守邊，為國防做點貢獻。太原以北三十一個城都歸你，國號還叫韓，都城嘛，設在晉陽（今山西太原）。」

韓信心裡當然不願意，太原以北，那也叫韓國？戰國時的韓國包括今天山西省的東南部，河南省的中部，國都鄭（今河南新鄭）。被秦國滅後，都城附近的大片土地設置為潁川郡，是當時天下最富庶繁華的地區之一，氣候水土都很宜人，什麼時候緯度那麼高過？簡直豈有此理。太原以北，冬天冷得讓人想撞牆，還人煙稀少，每平方公里大約只有十到二十人，是當時最不發達的地區之一，收不到多少稅，怎麼過好日子？跟潁川比，簡直是天壤之別，這不是野蠻「拆遷」嗎？傻瓜才肯答應。況且太原以北地靠匈奴，非常危險。

本地的居民常常是剛做好飯，菜擺了一桌子，筷子還沒拿起，匈奴騎兵就衝了進來，把飯桌砸個稀爛，殺死男人，搶走女人。劉邦這麼做，簡直想借刀殺人嘛。但韓信也沒辦法，人家是老大，也沒辦法說什麼。總之，不遷不行。

韓信鬱鬱不樂地去新韓國上任，不久他上書劉邦：「晉陽離邊境遠了些，臣想把國都遷到馬邑（今山西朔縣）。」

馬邑比晉陽更靠近匈奴，遷都到那，不是吃錯藥了嗎？很顯然，事情沒這麼簡單，說明這傢伙已經下定決心反抗劉邦的暴政了。這也難怪，肥沃的國土被搶走，「拆遷費」沒給一分，天天被匈奴搶掠殺戮，性命朝不保夕，活著實在沒什麼意思。不如乾脆和匈奴聯合起來，找劉邦這個王八蛋算帳。

劉邦剛開始還沒想這麼多，很高興地批准了韓信的請求。心想，這傢伙傻啊，這麼欺負他，他都不生氣，還真想紮根邊疆一輩子，不如讓他樹立這個榜樣。

韓信當然不傻，他已經和冒頓單于坐到談判桌上，簽訂了盟約，一不做二不休，和匈奴聯兵進攻晉陽。

劉邦一聽，這傢伙，正準備讓你樹立榜樣呢，突然來這招。不過他挺高興的，藉口如願來了，又可以解決掉一個了。於是御駕親征，在銅鞮大破韓信軍。韓信逃亡匈奴，他手下的將軍曼丘臣和王黃擁立原先趙國的後裔趙利為王，與韓信、匈奴一起進攻劉邦，但在晉陽又被漢軍殺得大敗，一直逃亡到離石（今山西離石）。匈奴隨後在樓煩（今山西寧武）附近屯兵，又被漢兵追殺，大敗。劉邦見自己總是打勝仗，產生了驕傲自滿的情緒，親自趕到晉陽，派人打探冒頓的虛實。間諜十餘個都回報說：「冒頓身邊盡是老弱病殘，很好打。」劉邦很高興，當即率領三十二萬大軍浩浩蕩蕩趕到平城（今山西大同），卻發現無以計數的匈奴騎兵從地平線上冒了出來，對自己形成合圍之勢。他只好撤退到白登山，匈奴四十萬精騎隨後趕上，將漢兵圍了個水洩不通。總共七天，漢兵一個個餓得肚子直叫，手指被凍傷，很多人不得不截掉指頭，變成殘疾。最後靠陳平獻了一條見不得人的祕計，匈奴兵放開了一處關口，劉邦才得以逃脫。

後來韓信就一直在邊境騷擾漢兵，一直到四年後，劉邦手下的柴武將軍才在參合（今山西陽高縣南）將韓信殺死。

一次野蠻「拆遷」，逼反了一個忠臣，「拆遷者」劉邦也差點死在匈奴手裡，期間不知多少百姓捲入戰爭，死於疆場。這好像是中國歷史的常態，「暴力執法」只能引來「暴力抗法」，遭殃的永遠是普通百姓。

好名的漢文帝

漢文帝劉恆是西漢的一代明君，後世士大夫們提起他，臉上無不露出一副溫情脈脈的神色，顯得非常陶醉。他們認為這樣的君主才是封建社會罕有的明君，足為楷模。說老實話，這點的確應該承認，文帝是比較賢明的君主，不過他也有自己的可笑弱點，就是過於愛好聲名，有時甚至達到了虛假的地步。

一個人愛好聲名，看似是件好事，實則也很難說。較早的時代，上至王公卿相，下至販夫走卒，只要能留名竹帛，都會想盡辦法達到。所以有錢的就鑄個大鼎，把大名刻在上面；沒錢而又自負其才的，或者去當門客，或者去當刺客。如果有老母要贍養，不得已躲在閭巷裡屠狗殺豬，那是無可奈何的事，他們自己也覺得是汙點，說出來都慚愧得不行。王侯們鑄鼎留名的動機不純，和我們老百姓的關係也不大。我們這些碌碌無為的民眾喜歡的是青天大老爺包拯這種類型，因為他能幫我們申冤報仇，解決吃飯穿衣這類實際問題。所以相對包青天而言，那些鑄鼎自娛的王侯將相，我們頂多豔羨一下，感慨自己不能到達那位置罷了。

而且更重要的是，對於聲名實質的理解，每個人都不同。暴君秦始皇也愛惜聲名，他對聲名的理解和普通人是不同的，他認為自己「平一宇內，德惠修長」，「聖德廣密，六合之中，被澤無疆」，可至萬世而不朽，因此到處刻石，「光垂休銘」。而老百姓卻覺得「天下苦秦久矣」，恨不能和他同歸於盡。所以說，愛惜聲名並不能讓人一定做好事，還得首先要分清「好名」和「臭名」。秦始皇肯定不會認為自己「執敲撲而鞭笞天下」是臭名昭著的行為。後世的桓溫大概知道了，但是他說「不能流芳千古，寧可遺臭萬年」，破罐子破摔。他的意思是你看著辦吧，反正我不能白活這一世，「人過留名，雁過留聲」，我好歹得向後世證明一下，我不是沒存在過，我「活過，戀愛過」，還有——造反過。如果桓溫當初反叛成功，他可能就被諡為太祖高皇帝了。就像曹操，做的不也是篡位的事嗎？可人家被響噹噹地諡為魏太祖，在《三國志・魏書》裡神氣活現地排在首位。

當然，漢文帝不屬於我們上面說的這些情況，他是很能分清好名惡名的，而且始終堅決地向著好名的路上一路狂奔。他也很有智慧，能在當時雲譎波詭的政治環境中坐穩皇帝的位置，並使國勢蒸蒸日上，很不簡單。他頒布的一系列政策，既打擊了權臣，又削弱了諸侯王勢力，還留下了仁厚的名聲，手腕實在高明。但是他好名顯然好得過了，有時候不只是好名，甚至是死要面子，顯得有點虛假。

文帝本來是劉邦的庶子，在代國當一個小小的國王，能當上皇帝完全是撞了運，所以剛剛開始接到長安的徵書還不敢答應，好不容易被中尉宋昌勸服，去長安上任，群臣勸他立太子，他假惺惺地說：「諸侯王和功臣們的子弟這麼多，何必一定立我的兒子，如果我真的立自己的兒子為太子，人家一定以為我忘記了賢德之人而私愛自己的兒子，這不是為天下百姓憂慮的做法啊。」好像顯得自己有多麼高尚，想學堯、舜禪讓天下了。實際上怎麼樣呢？文帝對皇位的繼承並非很灑脫，在有司的勸告下，他馬上高興地立了自己的長子劉啟為嗣，而且把在誅除諸呂的鬥爭中，功勞最大的兩個宗室朱虛侯劉章和東牟侯劉興居黜落，僅僅割了齊國的兩個郡，分別分封他們兩人為城陽王和濟北王了事。而先前，功臣們是答應事成後封劉章為趙王，封劉興居為梁王的，只不過文帝聽說劉章和劉興居起初想擁立他們的哥哥齊哀王劉襄為皇帝，心裡大為不滿，才故意貶低他們的功勞。濟北王劉興居因此一直心懷怨恨，後來聽說文帝親自率兵北擊匈奴，長安空虛，還趁機發兵叛亂。文帝聽到消息，立即回兵長安，派棘蒲侯柴武平叛，濟北王兵敗自殺。文帝如果不在意皇位，又何至於氣得人家濟北王發兵造反呢？所以他開始推辭立自己的兒子為太子，擺出一副要傳位給其他賢能的架勢，完全是為了沽取虛名。

也許有人會說，僅僅透過這件事來判斷文帝好虛名的話，是不是太武斷了。人家文帝也有可能因為當時局勢緊張，權臣在側，不得不擺出一副向堯、舜學習的姿態，並不是好名。那麼下面這個例子應該可以確鑿無疑地證明，文帝有時候表現出來的「仁」是表面現象了。

那是和淮南王劉長有關的事了。劉長是劉邦最小的兒子，從小得到呂后的庇蔭，非常驕橫。文帝即位後，他自以為和文帝血緣最親，更是有恃無恐。每年從封地入朝時，文帝給他面子，讓他和自己同車打獵。這傢伙卻給點顏色就開染坊，開口閉口稱文帝為「大兄」。要知道文帝雖然是他哥哥，但畢竟是皇帝，普通老百姓有家人之禮，但皇帝身分特殊，一舉一動都關係著天下大計，家事都是公事，雖然是兄弟，也得照規矩來，哪能這麼沒禮節的。文帝心裡早就厭煩他，礙於要保持一副「兄友弟恭」的樣子，只好強忍不快和他虛與委蛇。劉長越來越得意，竟擅自殺了高祖時的功臣審食其，理由是審食其在他親生母親遭難時沒有援助。幸好文帝也討厭審食其，審食其在楚漢相爭的時候，一直是呂后的心腹，後來當郎中令，代表呂后傳詔，幾乎架空了丞相，也因此一致被朝臣們厭惡，他死了可謂大快人心。所以文帝這次赦免了劉長。

從此，劉長變本加厲，愈加囂張，竟然派人私通匈奴和閩越，終於被文帝抓到了造反的證據，下詔將劉長流放蜀郡嚴道的邛郵。哪知劉長雖然酷暴，性情卻非常剛直，從諸侯一下子變為階下囚，身分的轉換落差太大，一時想不開，在流放的路上絕食而死。

劉長到底是不是真心絕食，因為缺乏證據，已經成為中國歷史上的懸案之一。據現代科學證實，人不吃飯能熬半個月，但是連水也不喝，七天就肯定死翹翹。劉長如果打定了死的主意，自然連水也不會喝了。另外要注意一點，劉長坐的是輜車，而不是檻車。這為劉長的餓死也埋下了伏筆。

輜車是一種有圍屏，上下遮蔽嚴實的車輛。它的蓋是蓬式的，坐在車廂裡面，不能左顧右盼，外面的風景什麼也看不到。而且，文帝下令在劉長坐的輜車外面貼了封條，沿途縣吏根本不敢打開封條為劉長遞送食物。就這樣一直走到了雍縣（今陝西鳳翔南），雍縣離長安將近兩百公里，馬車起碼要走十幾天。而且劉長流放的時間是十一月，北方寒冷刺骨，沒有食物補充熱量，誰也扛不住。所以等到雍縣的縣吏斗膽打開封條（大概聞到了屍體臭味），劉長早已嗚呼哀哉了。於是趕忙用快馬郵傳文書報告劉恆。

從這裡可以看出，劉長的死完全是劉恆有意導致的。史書上說劉長「絕食」而死，都是史官對劉恆機心的文飾。如果劉恆不想殺劉長的話，為什麼要讓他乘坐輜車，又為什麼要在車外加封條呢？顯然，劉恆的目的就是想餓死劉長。劉恆實際上是把劉長裝在一個包裹裡，蓋上郵戳，直接寄送到邛郵，可惜的是包裹裡裝的不是信件，而是一個活生生的人，在沒有高鐵的漢代，這個包裹忍無可忍，在路上就發臭了。

話說劉長死掉的消息一傳到長安，劉恆立刻悲哭起來。注意，千萬不要以為劉恆這時良心發現，對弟弟的死很傷心。因為從他和寵臣袁盎的對話來看，他關心的是自己的名聲。袁盎之前也曾勸諫過劉恆：「陛下您素來嬌慣淮南王，不為他派遣嚴厲的國相和太傅輔佐，造成今天這個局面。淮南王為人剛直，現在突然讓他遭受如此凌辱，臣擔心他遭遇霧露病死（自殺的委婉說法），而使陛下有殺弟之名，那可如何是好？」原來劉恆是怕自己有「殺弟之名」，要知道仁厚是他一向自詡的啊，他之所以能當上皇帝，也是靠這個名聲，怎麼能說毀就毀了呢？到這時候，袁盎還有什麼辦法，只好趕緊拍馬屁說：「陛下有高世之名三，此不足以毀名。」

文帝兩眼放光，馬上追問：「哪三條，快說快說。」袁盎說：「當年陛下為代王時，太后久病，臥床三年，陛下目不交睫，衣不解帶，湯藥如果沒有經過陛下親口嘗過，陛下不會把它獻給太后。遙想春秋時的大孝子曾參，他不過是個平民百姓，他都力不能及啊，而陛下以諸侯王之尊做起來卻輕而易舉，這難道不偉大嗎？此為其一。當年諸呂掌權，功臣專制，陛下從代國來長安，形勢非常凶險，就算古代的勇士孟賁、夏育都會臉色震恐，而陛下卻渾若無事，這難道不光榮嗎？此為其二。陛下來到長安，住在代國駐長安的辦事處，群臣要陛下即皇帝位，陛下朝著西方謙讓了三次，朝著南方又謙讓了兩次，古代有個叫許由的，堯把天下讓給他，他只謙讓了一次就豎子成名了，陛下卻讓了五次，這難道不高尚嗎？此為其三。何況陛下並不是真想殺淮南王，只不過沿路的官吏沒有照顧好，讓他餓死了。這跟陛下毫無關係，陛下有什麼可以傷心的呢？」

其實袁盎拍馬的本事並不高，整段話簡直是胡編亂造。因為那三條只有第一條確實可以證明文帝做得不錯，其他兩條則都是湊數。文帝當時來長安固然有些勇氣，但事前不但有中尉宋昌和他分析過，說劉氏宗族強，大臣不敢造反，朝廷外不但有宗室諸侯王，朝廷內還有宗室朱虛侯劉章、東牟侯劉興居，肯定沒問題。之後文帝還專門去占卜，得到了吉卦。就算這樣他還不放心，又派舅舅薄昭專門去長安和太尉周勃接洽，雙方交換過意見，確認是真心擁戴他為皇帝，這才出發來到長安的。而且他一入未央宮，馬上把郎中令和衛尉換成了自己的人，牢牢控制了京師的兵權，根本說不上有多麼勇敢。至於第三條誇他謙讓為帝，就更好笑了，既然他冒著危險也要來長安當皇帝，還謙讓什麼？那不過是一種禮儀，或者說是姿態，不要說他老爸劉邦當初即位時也這樣做過，就包括以後強迫漢、魏禪位的曹丕、司馬炎哪個沒來過這麼一套？史書上說袁盎好「直諫」，在我看來是個慣常見風使舵的小人。他曾當過吳王劉濞的相，明明知道劉濞有造反跡象，但怕遭到劉濞暗算，偏偏報告長安說劉濞安分守己得要命，人品顯然是有問題的。晁錯為皇室考慮，是個不折不扣的忠臣，卻被袁盎這個偽善的傢伙害死，真要令人長嘆一聲：「倘所謂天道，是耶非耶？」

但是文帝聽完袁盎這番巧佞之言後，馬上破涕為笑，史書上寫的是「上意乃解」。真是春秋筆法。文帝一聽自己的名聲不會受損，立刻就不悲傷了，可見他對兄弟的死是心不在焉的。他問袁盎下一步怎麼辦。袁盎說：「把那些沿途不敦促淮南王吃飯的官吏斬了以謝天下就是了。」文帝馬上照辦，於是那些淮南王經過的沿途郡縣官吏就成了維護文帝「仁愛」名聲的替死鬼，真是冤哉枉也。之後他又封劉長的四個兒子全部為列侯，以表示自己的仁厚。他心裡這塊石頭大概是徹底放下了。

不過雖然如此，民間仍然流傳兒歌，說：「一尺布，尚可縫；一斗米，尚可舂；兄弟二人，不相容。」文帝聽到後，嘆道：「難道天下百姓真的認為我貪圖淮南王的土地而殺害弟弟嗎？」他把城陽王遷徙到淮南，統治淮南原來的土地，過幾年後乾脆把劉長還活著的兒子又分別立為淮南王、恆山王和廬江王，忠臣賈誼還為此上書勸諫，說希望他不要因為好虛名而為後世留下禍患。因為淮南王的兒子一旦當了王，長大之後一定會思量為父親報仇，對天下帶來動盪。但是文帝不聽，淮南王劉安終因造反自殺。這可以說是文帝愛慕虛名而帶來的後患。

除了政治聲名之外，文帝還喜好文化聲名。大才子賈誼以博學鴻詞聞名，文帝雖然欣賞他，實際上暗地裡也在和他較勁。他曾經把賈誼貶到外地當官，過幾年又召回長安，在宣室促膝長談，以為可以辦個辯論賽什麼的，哪知說了沒幾句，發現自己插不上嘴，仍只有豎著耳朵聽的份。而且賈誼講得太生動了，他聽得入迷，不知不覺的連身子都往前傾側，生怕耳朵裡漏了一個單詞。唐朝詩人李商隱曾經寫詩評論過這件事：「宣室求賢訪逐臣，賈生才調更無倫。可憐夜半虛前席，不問蒼生問鬼神。」他責備文帝不明事理，問鬼神之事而忽略百姓疾苦。這真是腐儒之談，要知道這世間除了政治之外，還有純粹不計功利的學問，文帝問問鬼神，想探究自然世界的奧祕，有什麼不對呢？

辯論賽變成講座，這顯然是文帝始料不及的，所以雖然剛開始聽得很過癮，但在賈誼走後，文帝還是免不了目眩良久，悵然若失，嘆道：「唉！我好久沒有見到賈誼，自以為學問可以超過他了，哪知還是比不上。」雖然很沮喪，但至少透露出他一度是把能省的時間都省下來，相當用功學習，企圖超過賈誼的。這樣等賈誼來誇獎他的時候，就可以得意洋洋地說：「哪裡有什麼天才，我是把談戀愛的時間都用在學習上。」保持刻苦學習的優良作風，這對一個身邊美女如雲的皇帝來說，可以說是相當的不容易。他本來做好了充分準備才把賈誼召回，誰知結局是這樣。於是在這次談話之後不久，文帝立刻又把賈誼貶到梁國，當梁孝王的太傅，賈誼就死在梁國，再也沒有回來。有時候我想，如果賈誼能像袁盎那樣偶爾拍拍文帝的馬屁，不要把才華展露得太囂張，文帝還會不會一而再、再而三地把他貶到外地做官？

總之，文帝愛好聲名是件好事，只不過他有時過於追求這個罷了。我把他的這些細節放大，並不是吹毛求疵，想掀起什麼「翻案風潮」。文帝是個相當不錯的皇帝，這我是承認的。至於談到他過分熱衷聲名而近於虛偽，不過是一種純粹探究學問的態度，我想大家都會理解的。

灌嬰、周勃的大智慧

我們習慣於把權謀看成智慧，所以古往今來，會玩權謀的人，都是大家的景仰對象。放在秦漢之交，張良、陳平算是代表。劉邦能奪取天下，多虧了他們的各種陰招。他們雖然獲得了成功，但在我眼裡，一文不值。我認為的智慧，無關於陰謀，下面就舉一個例子。

周勃、灌嬰是漢代開國功臣，最早跟隨劉邦起家，作戰勇猛。戰爭時代，手臂有些力氣的人，一般都看不起文弱的傢伙。事實也確實如此，比如他們一直和陳平關係不好，後來和賈誼關係也不好。因為覺得自己親冒矢石，辛辛苦苦地打天下，好不容易才掙來一點爵位和官秩，而陳平這種人躲在後方，無生命之憂，動動嘴皮就能當大官，太不服氣。當然，在另外一些人看來，像周勃、灌嬰這樣只會打打殺殺的武夫，毫無智慧，沒有什麼價值，遠比不上那些運籌帷幄的陰謀家。但我認為他們只是缺乏權謀罷了。真正的智慧，他們偶爾還是有的。比如在竇廣國的事情上，他們表現得就很不錯。

竇廣國，字少君，出身貧苦，是漢景帝母親竇太后的弟弟，觀津（今河北武邑）人。他自小就和姐姐竇姬生離死別（姐姐被官府擄掠到宮中，且被送到代國）。他四五歲的時候被人拐賣，而後流落市場，連續轉手十多家，最後落到宜陽一個買家手裡。到了十多歲，被主人趕去山中燒炭。有一天晚上，他和一百多個同樣命苦的人躺在堤岸下睡覺，堤岸突然崩塌，除他之外，所有人都被活埋。驚懼之餘，他幫自己卜了一卦，卦象顯示自己命好，不多久就可封侯，頗覺詫異。旋即他跟著主人來到長安，聽說朝廷立了新皇后，姓竇，老家在觀津，懷疑可能就是自己的姐姐，於是壯著膽子上書認親。

新皇后的確是當年的竇姬，當年命苦，離鄉背井當代王劉恆的妾，哪知一不小心生了漢景帝，就此發達了，還封了皇后。因為想念家鄉親人，特意張榜搜尋。一聽弟弟前來認親，喜出望外，但不敢做主，馬上報告老公漢文帝劉恆。

劉恆夫婦立刻召見竇少君，查驗證據。竇少君娓娓敘述自己的出身籍貫和遭遇，供出兩個最關鍵的證據，其中一個是腦門上的傷疤。原來他年少時和姐姐一起爬樹採桑，不小心從樹上摔下，額頭碰破，落下疤痕。還有一個就是當年和姐姐臨別時的記憶，非親身經歷者，不會敘述這麼詳細。他說：「姐姐當年被呂太后遣送到代國去的時候，曾經和我在傳舍（官辦旅店）訣別，還向人討了一點熱水為我洗頭，又討了一點飯食讓我果腹，才戀戀不捨地和我揮手作別。」頭上疤痕和這個訣別細節當即令竇皇后淚如雨下，竇廣國也嚎啕大哭。就這樣，不久前還伐薪燒炭的奴隸竇少君轉眼間就成了人上人，但這件事情引起了周勃和灌嬰的嚴重憂慮。

他們憂慮什麼呢？很簡單，是憂慮自身的安危。他們說：「吾屬不死，命乃且懸此兩人（包括竇廣國的哥哥竇長君）。兩人所出微，不可不為擇師傅賓客，又復效呂氏大事也。」

這句話很樸實，很真誠，沒有抬到家國社稷的高度，沒有說為了大漢王朝，為了社稷，而僅僅老實地說為了自己身家性命。因為他們剛剛經歷過呂后專權，費盡辛苦才把呂氏家族除掉，保住了自己的性命。他們的話貌似不夠崇高，但實際上這種不崇高的思考，不但能挽救自己，還能挽救人們口中常說的宏大名詞——國家社稷。如果人人都這樣為自己考慮問題，我想天下很快會達到清明之治。

現在的人大多愚昧，碰到這種事，第一反應就是這種人很自私，沒有想到國家社稷，不崇高，其實是不懂得自私的真諦。人類從猿人進化到能建立一定的組織制度，無不靠自私和相互妥協。他們深知像動物一樣互相攻劫，大家都居無寧日，所以有強力者，在原則上還得給弱者一點好處，不能無限度地凌辱，這樣才能保住自己的利益。

周勃和灌嬰，為了保住自己的性命，馬上採取了行動，預備從源頭上阻止這種行為。

他們採取了什麼行動？當然不可能把竇廣國殺掉，沒這個能力；也不是趁早攀交情，拉關係，這樣太低級。把自己綁在權力的毒瘤上，將來有可能與它共滅。最好的選擇是，不讓這顆權力的毒瘤生長。他們採取的行動，我覺得很厲害，如果真是這兩個人自己想出來的，我覺得算是很有智慧。

他們幫竇廣國和他的哥哥竇長君找了一些飽學的老師，和有節行的君子，教竇氏兄弟做人的道理和恭謹的禮儀。這有用嗎？我們可以斷言，在涉及巨大利益衝突的情況下，那些受過善良和高尚道德情操教育的人未必不作惡，但其人群比例肯定比未受過這種教育的人低，否則在這世界上，教育就沒有任何意義了。因為，良好的道德準則和社會風俗，已經蘊含了相互妥協的原則，它絕非空洞說教。它如果為全社會所遵守，而不是由一方對另一方的強迫，這種道德準則是有價值和生命力的。人之異於禽獸，正是這種教育改變了人類自身。在很大程度上，不管是好的還是壞的，人類行為都受著自己所受教育的驅使。周勃和灌嬰的做法結出了什麼果實？古書上說：「竇長君、少君由此為退讓君子，不敢以尊貴驕人。」他們可以說是成功了。

很多時候，有大智慧的人，為自身的利益所做的事，往往能同時達到有利於國家百姓的目的。因為那必定暗含對雙方有利的道德準則。竇廣國兄弟身為外戚，貴寵之極，如果他們的品行有虧，稍微一動，就能引起腥風血雨，不知多少人要為之陪葬。而一旦他們懂得了這種行為對雙方都沒有好處，這種事就不會發生。朝臣外戚和平共處，百姓也不用承擔動亂的風險。所以周勃、灌嬰雖然出發點是為自己考慮，做法卻充滿了大智慧。而那些搞權謀的人，我認為都只有小智慧，甚至可以說僅僅是狡獪。這種人很可能在文帝和竇皇后在世時，對竇氏兄弟曲意逢迎，一旦文帝和竇皇后死去，就要透過陰謀詭計將他們消滅。就算最終勝利，也會殺人盈野，付出沉重代價。

但在權謀鬥爭中，誰又能保證自己永遠是贏家呢？你這樣對待別人，別人也會這樣對待你。後世的無數人正因為拋棄了良好的道德準則，才對善使權謀者充滿崇敬。不管會產生多少冤魂，也不管這種勝利帶來的可怕後果，此乃最悲哀的事。

鄧通的吸膿與無奈

作為佞幸人物的代表，鄧通在中國歷史上有些聲名，讀過《史記》、《漢書》的人應該對他印象很深。

鄧通是蜀郡人，因為擅長搖船划槳，在皇宮裡當了個黃頭郎。所謂黃頭郎，就是頭纏黃布的郎官，因為當時很迷信，講究五行相生相剋，土能克水，所以搖船的郎官都頭纏黃布。有一天，劉恆做了一個夢，夢見自己快要升天，卻差一點力氣，怎麼努力也升不上去，這時有一個黃頭郎在他身後推了一把，終於升上去了。他下意識地回頭尋找恩公，看見那個推自己的人屁股以上腰帶以下的部位，衣服上破了個洞，劉恆驚詫不已：這個夢怎麼做得這麼邪門，跟真的似的。醒來之後，他靠在床上感嘆很久，忽然腦子裡萌生一個衝動：說不定現實中真有這麼個人，何不到黃頭郎官叢中去找找看？

想到這裡，他一翻身起床，來到未央宮滄池中間的漸臺上，偷偷觀看在滄池上侍候的黃頭郎官，一眼看見有個人正好屁股以上皮帶以下的衣服上破了個洞，不禁大喜，馬上叫到面前來，問其名姓，聽說他姓「鄧」，更是樂不可支。因為「鄧」和「登」的音近，象徵著這個人正是送自己登天的人（「升」和「登」的古音也很近，是同源詞），於是當即對鄧通加官進賞。鄧通這個人也比較老實，不喜歡外交，就算碰到輪休的日子，也在宮裡侍候，不肯休息。

劉恆越來越高興，先後賞賜他總共有十多億的錢財，拜官至上大夫。

鄧通對劉恆也確實忠心耿耿。有一次，劉恆得了癰病，碩大的一個癰，裡面全是金燦燦的膿液。鄧通卻一點也不介意，二話不說，就趴在劉恆腿上，像喝玉米粥似的，咕嚕咕嚕，兩三下就把那些膿汁吮吸得乾乾淨淨，再吸下去就該是健康的血液了。

劉恆心裡又是感動，又是傷悲，在鄧通又一次幫他吸完膿汁之後，他假裝隨意地問道：「你認為這普天之下，誰最愛我？」鄧通老老實實地回答：「我想沒人會超過皇太子吧？」劉恆點了點頭，後來皇太子劉啟進來問疾，劉恆就指著自己的癰說：「過來，幫老爸把這裡面的膿汁吸掉。」

皇太子大吃一驚，但皇帝老爸的命令又不敢違抗，否則這個太子估計當不穩，他猶豫了一下，苦著一張臉俯身去吸，但是動作一點不俐落，膿汁吸得不夠乾淨，灑得到處都是。比起鄧通，不僅技術差得太遠，態度也極不認真。照理說技術差不要緊，練練就可以了；態度差，這就是立場問題了，說明對皇帝老爸不夠忠心，不夠熱愛。所以劉恆不大高興，但沒辦法，總不能因為這種小事廢掉太子吧，對著大臣們也說不出口啊！

皇太子總算吮完，一陣風地跑出去漱口。後來聽說鄧通曾經屢次幫老爸吸吮膿汁，甚至把它當成一種樂趣，皇太子心中大怒，對鄧通恨之入骨，只是暫時不敢發作。

而劉恆從此更加寵幸鄧通了，自己的親兒子幫自己吮癰很不情願，而人家鄧通卻甘之如飴，這是一種什麼精神，需要多大的忠心？有一次，他招來一個相面的，幫鄧通看相。那相面人說：「陛下，從鄧大夫的面相來看，他老人家將來恐怕會因為貧窮飢餓而死啊！」

劉恆哈哈大笑：「有沒有搞錯？餓死？他對朕這麼好，朕怎麼會讓他餓死。」於是乾脆把蜀郡的一座銅山賜予鄧通，允許他私自鑄錢。從此，「鄧通錢」流通天下，成為除了皇帝之外，天下最富有的人。

但是人算不如天算，劉恆死了之後，即位的景帝，也就是當年的皇太子不客氣，要秋後算帳了，他下詔將鄧通免官，接著又指使人告發鄧通偷偷跑到境外去鑄錢。皇帝要找別人的麻煩，還能有什麼辦法？於是鄧通倒楣了，被關進監獄拷問，將家產全部沒收，還不夠罰款的數目，總共欠國家數億的債務。幸好文帝的女兒館陶長公主劉嫖比較同情鄧通，又送了不少錢財給鄧通，但每次錢一送去，就被官吏當場接收，說是抵償債務。鄧通因此窮得家徒四壁，兩袖清風，連一根髮簪都沒有。

長公主劉嫖實在無可奈何，只好耍了個花招，送錢和衣物給鄧通的時候，謊稱是借給鄧通的，如此一來，官吏也沒有理由將這些錢抄走了。鄧通靠著這些饋贈繼續苟延殘喘了一陣子。這個可憐的人，曾經富甲天下，最後果然落到了不名一錢的下場，鬱鬱而死。那個相面人看相還真準，當然，我們寧願相信這是司馬遷編造的。

鄧通在古代佞幸史上非常有名，也被現在很多雜文家拿來當作不知廉恥的例子，其實非常不公平，因為他不過是皇權下的一個卑微的犧牲品。他為皇帝吮吸癰瘡，在那時的情況下，不但是不得已，說不定還是一種真誠的報恩手段。他出身貧賤，不過是個黃頭郎，哪懂得什麼寧死不辱的氣節？皇帝對他好，他就要對皇帝好，想法很樸素，從情理上來講，沒有什麼可值得譴責的。皇帝問他天下誰最愛自己，他回答是太子，也是一種樸素的想法。至於為此得罪了太子，並非是他的本意。如果他老謀深算，也許就不會那樣回答，也就不會遭到那樣的下場了。

但我們也不能因為同情鄧通就喪失基本的是非觀和立場。總歸來說，鄧通雖然可憐可悲，卻並非絲毫不該被譴責。為什麼包括丞相申屠嘉在內的士大夫都討厭鄧通呢？《史記》和《漢書》為什麼不約而同地把他寫入〈佞幸傳〉呢？因為他破壞了士大夫和皇帝之間的規則。

在先秦的封建貴族社會，士大夫也講究對君主效忠，但這種效忠是遵循一定規則的，所謂「君君臣臣」，它的意思是君主如果像個君主的樣子，臣子就應該遵從臣子的職責。如果君主不像君主，那麼臣子就可以不遵守臣子的職責。孔子他老人家說「君使臣以禮，臣事君以忠」，就是這個道理。君臣雙方之間有一定的規則維繫，相互之間有義務，下級對上級並非只能無條件地聽從。《左傳》裡的晉靈公，因為隨便殺人，最終被卿大夫擊殺，雖然卿大夫的這種行為也被視為弒君，但《左傳》敘述此事的第一句卻是「晉靈公不君」，可見君主的行為不端，也必須遭到譴責。西漢雖然已經是君主專制社會，卿大夫沒有挑戰君主的權力，但是君主看見丞相等高官，也必須起立敬禮，這就是傳統的遺存。比如說，皇帝可以要求卿大夫恪盡職守，如果卿大夫沒有做到，可以將他們治罪。但皇帝不能要求卿大夫吃屎，如果這樣要求卿大夫，那就是無道昏君，卿大夫也將視之為侮辱。鄧通作為一個二千石的高官，雖然是因為佞幸被提拔的，但卻毫無廉恥到為皇帝吸膿，當然就為正統的士大夫所不容了。這完全是自降尊嚴和身分。這樣的人一多，顯然是個危險的徵兆，整個卿大夫階層都有淪落為皇帝真正奴僕的危險。同樣，劉啟作為皇太子，只要好好履行他本人的職責就行了，如果被逼到要為父親吸膿，則同樣是個危險的徵兆，他怎麼能不恨鄧通呢？

有一個饒有趣味的情況是，史書上說劉恆非常廉潔。有一次想在宮中建造一座露臺，因為要花費百金（百萬錢）而放棄了。他的寵姬慎夫人穿的衣服也沒有長到拖地的，可見用布料非常節儉。但是他賜給鄧通的錢前後多達十幾億，形成了一個巨大的反差。是什麼使一個自奉甚薄，對寵姬也慳吝的皇帝對一個寵臣卻變得如此大方呢？這恐怕也是一個值得深思的問題。

武帝打仗　商人埋單

尋覽西漢中期的歷史，那場對匈奴的戰爭可能會讓許多人大惑不解。今天的人們已經很難想像當時數十萬大軍在朔風中橫絕大漠的苦楚，更不會領悟到大漠的每一個普通百姓都曾為這場曠日持久的戰爭出過血汗。至於對當時那些腰纏萬貫的商人們來說，它更是一段血淚斑斑的歷史。

武帝初年秉承著文景之治的餘業，經濟繁榮，百姓安定。那時竇太后還活著，武帝本人也沒有什麼實權，左右掣肘。但在建元六年竇太后駕崩之後，年輕的皇帝開始展露他的勃勃野心。他認為對匈奴的和親收效甚微，背倚著漢初六十多年來累積的財富，萌生了拋棄一貫的軟弱立場，準備了和匈奴一決雌雄的想法。也許是因為朝臣們一直憋著一口悶氣罷，皇帝的這一提議馬上得到了廣泛贊同。於是在接下去斷續的十多年裡，漢朝十幾二十萬的軍隊經常遠度沙漠，主動對匈奴進行出擊。在這場曠日持久的拉鋸戰中，漢朝的人力物力消耗巨大，但匈奴卻更加筋疲力盡，何況以它的國土和生產方式，無論是物資還是人口都不足以和漢朝抗衡，許多次他們僅僅靠著飆如疾風的機動力和忍耐冱寒的天性，才勉強得以倖存。即便如此，在幾十年後仍最終落得一個分崩離析的下場。應該說，這場以農業文明對抗遊牧文明的戰爭是極見成效的，在人類的文明史上也不多見。除此之外，武帝還同時經營南越、西南夷、東北乃至西域。在當時的技術條件下，戰爭耗盡了大漢朝六十多年來府庫裡積聚的每一枚銅錢和每一粒粟穀。雖然漢王朝在一系列的戰爭中相繼取得了勝利，但戰爭一旦開始，在沒有完全殲滅對方之前，就不可能說停就停。而這時如何籌措軍費，無疑成了一個迫在眉睫的問題。於是很顯然的，王朝的經濟政策就到了必須改弦易轍的時候了。

最先想出來的辦法是出售爵位和納錢贖罪。富人剛開始還很積極，因為爵位到了一定級別，就可以免除徭役及部分賦稅。至於納錢贖罪更是富家願為的事，但這引起了一般百姓的怨恨，也成為當時的儒生攻擊朝廷政策的口實，因為這破壞了法律保障的相對平等，百姓的憤怒由此潛滋暗長。

更重要的是，這項政策蒐集而來的錢帛，投到這場龐大的戰爭當中，就像滴水融入滄海，立刻無影無蹤。顯然漢王朝必須想別的辦法去籌措一切用度，包括軍費，立功將士的賞賜費，鼓勵內郡百姓移民充實邊疆的安家費，甚至還有犒勞匈奴投降人馬的衣食等等。這一切都讓帝國焦頭爛額。禍不單行，連年的水災也讓漢王朝疾首蹙眉，長安使者雖然奉著皇帝的詔令敞開了郡國的每一個儲藏糧食的府庫，也不足以救贍，只好讓災民向關內遷徙，總共七十萬人口，全部要靠國家賑濟。當此之時，理財之臣就理所當然地浮出水面，開始在帝國的政壇上一展手足了。

繼而採用的辦法是改造錢幣。比如，把一張白鹿皮截成一尺見方，就可以值四十萬錢，相當於四個中產之家的全部家產。這項政策雖然靠著強硬的政策施行，而且命令諸侯王朝覲聘享的時候，一定要用皮幣當玉璧的鋪墊。這顯然是一種強買強賣的行為！這意味著，朝廷只要多殺一些上林苑裡數目繁多的白鹿，就可以換來他人的巨大家資。此外，政府還重新發行新錢，分為三品。這激起了百姓的瘋狂盜鑄，犯鑄錢法當被處死的人多得讓朝廷不得不一再下赦令，光是前後遭赦的就有上百萬人。

類似的措施都成效不大，這意味著帝國還必須再絞盡腦汁。於是，孔僅和東郭咸陽兩個理財能臣開始閃亮登場了，緊隨其後的還有在古代中國財政史上聲名赫赫的桑弘羊。

他們採用的就是在中國歷史上影響深遠的「鹽鐵專賣」以及「平準均輸」政策。前者是指國家將鹽鐵收歸國營，不讓私人從中取利；後者是命令天下百姓以實物充當租稅，將之全部運到京師，由官府統一售賣。這樣，以前靠鹽鐵發家和販賣盈利的商人大多失業，依仗賤買貴賣賺取差價的商人也自然無利可圖。自由主義的商業日漸凋敝，一切都走入了王朝經濟的軌道。這對商人無疑是個沉重的打擊，自漢初以來雖然屢屢有詔令歧視商人，但從來沒有這次對他們的打擊來得沉重。畢竟在那時候，他們還可以靠著經濟上的優勢，現在一切都成了明日黃花。饒有趣味的是，構思出這一系列對商人產生致命打擊政策的三個人孔僅、東郭咸陽、桑弘羊都出身於豪富的商人之家。孔僅是南陽郡數一數二的冶鐵巨頭，東郭咸陽則為齊國威名赫赫的鹽梟，至於桑弘羊，則出身於洛陽的富商巨賈。他們從小就深知商人的得利來由，「反戈一擊，易致敵人死命」。看來漢朝有關忠孝的意識形態，的確推行得比較成功，酷吏郅都就說過：「已背親而仕，身固當奉職死節官下，終不顧妻子矣。」司馬遷也曾說過：「戴盆何以望天。」加上他們三個，又是一個絕好的例證。

除此之外，漢王朝還推行了一個對商人雪上加霜的政策，那就是「算緡錢」，要求凡是家裡有軺車的，都要納稅，商賈則要納兩倍。而且商賈還必須自己估算家資上報，以便政府按比例徵收財產稅。如果故意隱匿家產，則家產全部沒收。武帝起初的意圖是鼓勵商人「愛國」，能夠自覺貢獻財物來為戰爭等一系列舉措出力。但商人們的「覺悟」普遍不高，只有一個名叫卜式的河南人，願意獻納一半家產以助邊用。武帝大為激動，賜給他「左庶長」的爵位，想用這種榮譽來鼓勵天下其他富人效仿。但是這個授予爵位和榮譽的舉動就像一粒灰塵扔進了滄海，沒有泛起一點波浪。皇帝因此大怒了，頒布「告緡錢」的法令，鼓勵百姓互相告發，如有富戶隱匿家產不上報，告發者可以得到他一半家產，其餘的則政府沒收。這項政策對富戶的打擊尤其重大，中產以上的富戶由此基本上破產。雖然國家因此聚集了大量財富，可以足夠應付軍費，但政權也漸漸顯露出它的危機，百姓開始普遍採取和秦朝末年的百姓一樣的生活態度，那就是每天不再下地工作，而是吃好穿好，把家裡的錢財全部花光，美衣甘食，放棄儲蓄。因為他們不知道自己的生命還有什麼保障，只能苟且地過一天算一天。「子有衣裳，弗曳弗婁。子有車馬，弗馳弗驅。宛其死矣，他人是愉。」存錢，那無疑是一件再傻不過的事情。

這種嚴峻的社會狀況大大影響了朝廷的決策，本來武帝還想趁著漢兵在西域的戰績，再把戰線向西推進一番，這時卻只能忙著下個罪己詔，向全國人民說聲抱歉了。隨著武帝的駕崩，漢王朝開始重新邁入休養生息的階段，輕徭薄賦，為後來的「宣帝中興」打下了基礎。

可以看到，武帝時代的一系列經濟政策都和當時的情勢有密切關係。不可否認，武帝本人是一個奢侈的帝王，但絕不昏庸。他對自己的政策也了解得很清楚，比如「告緡錢」完全是對富戶隱匿財物的報復，就像他怨恨諸侯王不肯響應政府號召，而藉故大規模地褫奪他們的爵位一樣。當然，依現在的眼光看來，不管出於什麼理由來盤剝百姓家產都是值得懷疑的，但在當時卻有這樣的必然性。也許在武帝的心中，他占據了道德的制高點。他覺得既然為了抗擊匈奴，臣民就應該有義務為國家出力。倘若匈奴真的打了進來，百姓們又有什麼好處呢？這個理由即便放到現在，也是我們不能忽視的。我們不要忘記，匈奴對漢朝的侵略騷擾，是一個落後文明對先進文明的騷擾，就像後來的蒙古對南宋的侵略一樣。一旦亡國，不僅僅是一個政權的覆亡，甚至地球東方這塊土地上的文明都要全面下降好幾個等級。所以，武帝對匈奴的用兵可以說是實不得已。

以歷史的眼光看來，如果不是漢兵對匈奴的一次次沉重打擊，匈奴不會在後來內部分裂，最終一支歸附，一支逃遁到中亞。從這一點看，武帝的這些經濟政策無疑也有值得理解的成分。而且在桑弘羊的管理下，軍費籌措一有起色，武帝就馬上廢除了「告緡令」，所謂史家說的這個時候「民不益賦而天下用饒」並非虛言。從湖北江陵鳳凰山十號墓出土的木牘來看，文景時期普通民眾繳納的算賦達到每年每算四百多錢，武帝時則降到一百二十錢，負擔要大大減輕，所以武帝時期的普通民眾，確實沒有益賦。當天下郡國遭遇水旱災害時，武帝也屢次盡力打開倉庫賑濟，乃至造成「縣官大空」，比起歷史上像唐德宗、明神宗一類搜刮民財完全為自身淫樂的皇帝來說，無疑也有著高下之別。

武帝的任用酷吏也常常引起後人的苛責，但細察緣由，許多酷吏的行為都是和當時的經濟政策相輔相成的。武帝曾憤怒宗室子弟一味享樂，將相公卿子弟也只知道鬥雞走馬，不能像卜式那樣自願納財以佐國家。他任用的許多酷吏也都是秉承他的意旨，對公卿大族犯法子弟毫不留情。這方面張湯就是表率。張湯為人廉潔，而且對犯法的大戶極不寬容，對無勢力的小民卻常常假以寬待。我相信，張湯在那時曾經一度得過百姓之心。《漢書》中雖然有一句「是歲，湯死而民不思」，正說明了張湯本來是值得百姓懷念的，之所以最後不懷念了，是因為他參與制定的經濟政策後來傷害了百姓的利益而已。否則，一個酷吏，哪裡用得著特意在史書裡說明一句「民不思」呢？

因此不能不承認，歷史的複雜常常讓人不知所措，有時只能遺憾，當一個國家與野蠻為鄰的時候，它的文明總是不能沿著特定的道路前進，而需要付出一定的代價。今天我們可以痛恨桑弘羊的均輸、鹽鐵政策完全摧毀了自由經濟，使天下日漸「均貧」，對普通百姓的生活也造成了一定的傷害，但當時誰能解決這一矛盾呢？幾十年後，當七十四歲的鬚髮斑白的御史大夫桑弘羊在未央宮和霍光找來的一幫賢良文士辯論時，儘管那些儒生一個個慷慨激昂，以道德君子自居，以百姓疾苦的代言人自處，但當桑弘羊提出一個關鍵問題：「如果廢除鹽鐵、均輸，那麼軍費何處去籌措？百姓願意加賦嗎？匈奴打來了有辦法應付嗎？」這些儒生們沒有一個能正面對之辯駁，他們只能顧左右而言他，或可笑地訴諸道德：「不能柔遠能邇，是因為我們的道德修養不夠。如果我們的道德修養足夠了，那匈奴不但不會打我們，而且會來開心地歸附。」這是些什麼話？也許儒生們腦子中確實有堅定的信仰和道德，但也未必。因為他們沒有一個願意像卜式那樣自願從軍，希望「父子死南越」的。何況就算有道德，但不適用於現實，又徒呼奈何！

每當我讀到這段歷史的時候，總是不禁感慨。一個人在歷史長河中是多麼渺小，我知道自己如果生於那個時代，一定會對武帝帶給我們的困苦生活大加抱怨。畢竟親身經歷過那個時代的多數人都是抱怨的，何況他們根本不能理解自己為了什麼而犧牲。有時候我也想，為什麼像桑弘羊這樣一個理財高手，也曾叱吒風雲的人，卻沒有資格在《漢書》的列傳中占一席之地，也許就是這種普遍怨恨的結果吧。只有當我坐在燈下細思那個時代的內外背景時，才有可能做出稍微客觀的評價。雖然，這種客觀在他人看來也許要在前面加上「所謂的」三字。

朱買臣與「覆水難收」

很早就知道有「覆水難收」這個成語，也就是亡羊補牢，為時已晚的意思。後來又得知它還有個典故，說是漢代的朱買臣，原先是個窮鬼，四十幾歲了還要靠砍柴度日。他妻子實在熬不過，終於跟他掰掰。可是沒過幾年，這老窮鬼時來運轉了，得到一個同鄉貴人的推薦，竟見到了皇帝，說了一通《楚辭》和《春秋》後，皇帝一時高興，封他為中大夫，這真是「知識改變命運」，老乞丐倏忽之間就成了貴臣，可以經常和龍顏咫尺相對了。接著他的前妻很後悔，跑來要求復婚。他把一盆水往地上一潑，說，如果妳能把水收回盆裡，我們就可復合。這明顯是奚落，實在是尖酸刻薄！然而我們並不同情那女人，誰叫她自己瞎了眼，看不到丈夫的才華呢。除非她一直跟著老公，「之死靡他」。而老公富貴之後，又喜新厭舊，泡上了別的年輕美女，我們才會齊齊在道德的法庭上集合，七嘴八舌地同情她。就如我們經常會同情被拋棄的糟糠之妻一樣，雖然沒半點幫助，卻符合我們這群聲勢浩大的烏合之眾的特點和心態。

不過有意思的是，這朱買臣的老婆腆著臉來找故夫，要求破鏡重圓的事，我們在《漢書》講述朱買臣的資料裡卻找不到。相反，我們發現姓朱的挺變態的。當初沒離婚時，他們夫婦兩人天天一起出去砍柴。朱買臣喜歡挑著柴一邊走一邊快活地讀書，而且是大聲朗讀，甚至還編成歌謠，鬼哭狼嚎地唱。這算什麼事？他又不是貴胄公子，有什麼名士風度？孔子說過：「四十、五十而無聞焉，斯亦不足畏也矣。」老百姓們當然不會怕他，於是都指著他們訕笑。他老婆臉上掛不住了，懇求他：我說老朱啊，你別唸了別唱了好不好，你這輩子也就是砍柴的命了，別指望靠讀書換來稻米了，何必怪腔怪調讓里坊的人都注意我們呢？什麼，個性？我們這麼窮，還談什麼個性？你是不是吃錯什麼藥了？這世道可不是越窮越光榮的。看，這話說得多有道理啊。妳指望那老小子會收斂一點吧，可是一點也不，他唱得越來越大聲了。可是惹不起總還躲得起吧，於是自然是離婚，自然只剩得他一個人在山陰道上唱，孤魂野鬼一般，還時不時飽一頓饑一頓。

前妻雖然另外嫁了人，對他倒還算仁義的，有幾次和丈夫帶著酒食去上墳，見到他在墳墓邊砍柴，又凍又餓的，一副可憐樣，還送給他吃的喝的呢。

就說這朱買臣發跡之後吧，變態的脾性也沒改多少。有一日皇帝對他說，富貴不回鄉，如穿著高檔衣服走夜路，要多沒樂趣有多沒樂趣，我封你為會稽太守吧。他是會稽人，自然開心得很，回頭換了一件破衫子，打扮成丐幫長老的樣子，跑到會稽郡駐京師辦事處去。以前他就常到這裡蹭飯吃，裡面的辦事人員正在聚餐，大口喝酒，大口吃肉，見了他，以為又來打秋風，誰也不拿正眼看他。他逕自跑到內室，和守辦事處的老朋友喝酒，醉飽之後，有意無意地露出口袋裡的一截綠油油的印綬（《漢書》上說太守銀印青綬）。老朋友扯出來一看，嚇了一跳，是「會稽太守章」。於是瘋狂跑出去大呼小叫，散布消息。那些輕視朱買臣的人不信，加上喝醉了，都嚎叫說這是胡扯。老朋友說，你們去看看就知了。等到一個接一個跑進去，看到那印信，才知道這下惹了禍，嚇得趕快去報告上級。接著就是這朱買臣懶洋洋地坐在酒桌邊等人來參拜道歉了。我能想見他當時的得意——得意兼變態。不是嗎？你富貴了，就大搖大擺地來，有仇報仇，有恩報恩，爽快一點就算了。他偏不，偏要先裝出一副落魄樣來讓人看，以此來享受別人對他前倨後恭所帶來的巨大快感。確實，這非但能給自己快感，還能給觀眾快感。就如看武打片，片中的好人總是要被壞人先打得七葷八素，讓人覺得他快完蛋了，成了弱者，需要飲用一些悲憫之露來提提神，他卻突然反攻，一躍而變為強者，極大程度地滿足了我等小市民扶強助弱的心理。瓦肆勾欄裡總是演繹什麼落魄書生成狀元，也是這個道理：從前衣食不周，三餐難繼，讓人落淚；一下子金印懸側，美人在懷，使善良的民眾都為之滿足而放心。不過，這等可笑的手法之所以能永恆風行，倒是正可用來作世上還是好人多的旁證。

然後就是這朱買臣坐著公車去會稽上任了。照例，地方上要徵召老百姓修路，迎接新太守，不能讓他老人家感到顛簸。可偏巧他前妻夫婦兩人就在被徵發的修路者之列。這姓朱的見了，二話不說，馬上叫隨從的小車載上他們，帶回太守府去。天天好酒好肉招待，只是有一條，不准出去。過了一個月，他前妻考慮再三，知道老朱不會便宜她，乾脆解下褲腰帶，掛在房梁上，把自己的脖子勒在上面。老朱這才假惺惺地出場，給了前妻的老公一筆錢，叫他為那個可憐的婦人舉行葬禮。然後，他自己接著做什麼呢？哦，書上說，「悉召見故人與飲食諸嘗有恩者，皆報復焉」，報答了前妻的「恩情」，他才有心情理會其他的故人。看樣子，那失敗的婚姻果真是他心中的頭等大事。也成就了他一生聲名，否則他也不會在後來的宋元雜劇中頻頻曝光。要知道，比起高臺拜將，玉殿封侯，小市民可是更喜歡看男女間悲歡離合的故事。

至於朱買臣自己，後來的下場也不很好，他跟有名的酷吏張湯結下了梁子。張湯以前是他手下的小吏，侍奉他很周到。可是三十年河東，三十年河西，張湯後來得到皇帝青眼，當上了御史大夫，地位反超出朱買臣許多。而張湯又不是個厚道的人，殺人是平生第一愛好。見到原來的老上司在自己前面奔走，看上去還一副不大情願的樣子，心裡頭快活之餘也有些焦躁，自然時時故意刁難，以穩定這份得來不易的快感。朱買臣積了一肚子的怨氣，終於某天尋了一個間隙，在皇帝面前告了張湯的黑狀。按照漢代的規矩，大臣被皇帝認定了有罪，識趣點自殺就算了，沒必要貪生怕死地在法官面前辯駁，張湯只好自殺。

偏巧這張湯平時很廉潔，死後家產不是很多（才五百金），只不過比當時一般的中產階級多五十倍而已（漢文帝說過「百金，中人十家之產也」）。皇帝隨即覺得自己錯怪了他，很後悔，一肚子氣沒地方發洩。於是朱買臣的命運可以想見了——下獄，皇帝砍下他花白的腦袋找平衡，換取心理健康。

毋庸說，朱買臣的結局幾乎是必然的。他很有性格，有仇一定要報，「一個也不寬恕」，看他怎樣對付自己的前妻就讓人身上發冷。這樣睚眦必報怎麼能長久在官場混呢？他應該像文帝時的萬石君石建那樣，循規蹈矩，謹慎厚道，不求有功，但求無過，就一定能功德圓滿。那張湯的為人也是如此，有本色。我想在那時，那些死於非命的官吏一定都像他們這麼有性格。發掘這類人的感情生活，一定會跟朱買臣一樣有趣，可惜，史書上很少記下來。否則，那將不知是筆多大的文化財富，不知可以演繹多少部老百姓們愛看的傳奇，不知可以打發掉多少如我等庸俗的小市民們無聊而慵懶的時光。

張敞的失敗：酷吏無威儀

在中國古代的傳統文化中，一個人要想宦途順利，除了必要的才能、高超的諂媚技巧之外，還必須時時刻刻保持一副嚴肅穩重的形象，不能隨便嬉皮笑臉，要不然，你才華再高，學問再好，辦事能力再強，也很難得到提拔。就拿那個婦孺皆知的東方朔為例吧，史書上說他身長九尺三寸，折合到今天就是兩百一十四公分的帥哥，去NBA打球都算高的。而且他面目英俊，眼睛明亮燦爛，像兩顆隋珠；牙齒整齊光潔，如一排編貝。更兼色藝雙絕，擊劍、兵法樣樣精通，詩書、文賦篇篇精妙，名聲響徹朝野，智慧於古今流傳，乃至很多盜版書都冒他的名出版。可是終其一生，位不過太中大夫，而且沒當多久就遭貶。什麼原因呢，就是他生性太幽默了。古人對此有個詞，叫「詼諧」。詼諧本來是件好事，畢竟我們的日子向來過得不好，太平年月稅賦繁重，戰亂時代朝不保夕，不時時找點樂子，又怎麼去打發庸常的生活？可是當了官，就必須莊重，說話都不能太流利，坐在主席臺上發言，必須握緊講稿，語言也必須寡淡無味，能言善道、文辭華麗的人大多只配當弄臣。因此，雖然東方朔高大帥氣，站在皇帝面前像一座鐵塔，可在皇帝的心目中，地位卻如魁父之丘，和那些外表穩重的大臣不是同一個級別。有名的大臣汲黯是個藥罐子，長年臥床，可是武帝見了他卻很緊張，忙不迭地戴冠冕，生怕汲黯怪他不知禮節；霍光短小精悍，身高僅七尺三寸（相當於現在的一百六十八公分），但宣帝和他一起坐車，竟然如芒刺在背，感到十分不自在。可見，一個人的威嚴並非和身材的高大強壯成正比，而性格也許更有決定性的作用。

宣帝時期著名的酷吏張敞，也是一個性格悲劇的典型。他出身世家，父親當過上谷太守，但他似乎是個有志青年，一點不肯依仗家庭背景，而是踏踏實實地從底層打拚，從鄉小吏到太守府小吏，再到甘泉倉庫主任，再到太僕的下屬。杜延年非常賞識他的才華，推薦他升任豫州刺史。不久後他又因為有能力而被擢拔為太中大夫，和另外一個名臣于定國一起「平尚書事」，也就是有權利在內朝代替皇帝處理公務了。隨後他還當過函谷關都尉、山陽太守、膠東相，都是二千石的大官，最後入長安拜為京兆尹，也就是京畿地區最高行政長官。這是張敞一生所獲得的最顯赫的官職，而同時他的官運也到頭了。

當時長安自從故京兆尹趙廣漢因罪被誅之後，治安特別不好。按照規矩，城中一旦有案件發生，官吏就要擊鼓，相當於現在的警笛。所以那段時間，城中的鼓聲簡直絡繹不絕，老百姓都沒有安全感。皇帝為此十分頭疼，先後徵召了兩位地方能吏為京兆尹，都因為不合格，很快被罷免，其中一位還是當時天下郡國政績考核排名第一的潁川太守黃霸。皇帝無可奈何，只好下詔徵張敞進京。

張敞一來長安上任，就召集了幾個在社會上混得有頭有臉的偷盜頭目，聲明赦免他們的罪行，但要他們出賣自己的集團，將功折罪。其實這辦法也很稀鬆平常，雖然那時關二爺還沒出世，但好漢們基本的江湖道義還是應該有的吧，怎麼肯隨便出賣自己的兄弟呢？可是不知道怎麼回事的，那幾個頭目竟全部歡天喜地的答應了張敞的要求，於是京兆地區的黑社會遭到了重創。這次事件讓張敞一炮而紅，長安市上也從此靜悄悄的，鼓聲稀鳴。因為出身世家，他又學過一點儒術，為政雖沒有前任趙廣漢那麼殘酷，卻也信賞必罰。皇帝看見京城治理得這麼井井有條，對他更加喜歡，甚至朝廷有大事商議還要請他參加。他也不負所望，廣引古今，讓公卿大夫們也都對他很佩服。照理說這是一個好兆頭，他會繼續升官，從京兆尹升任九卿、再升任御史大夫，最後到丞相，這是漢代升遷的慣例。他的朋友于定國後來就當了丞相，名聞天下，他的才華不比于定國小，卻再也升不上去了，這其中定有緣故。

原來《漢書》講得很明白，就是「然敞無威儀」。「然」這個轉折詞非常重要，我們現在也常常看見一些主管說自己對下屬的印象，開頭說得千好萬好都沒有用，如果中間出現一個「但是」，就足以讓那人墜入深淵，再也別想鹹魚翻身。同理，張敞再有能力又怎麼樣，沒有威儀就不像一個公卿大夫的樣子。古時候很在乎人的形象，從國君到人臣，舉止都有規矩，戰國時代的梁襄王因為舉動不夠莊重，就被孟子罵為「望之不似人君，就之而不見所畏焉」，原來梁襄王不像人君的原因就是孟子自己靠近了他，卻不覺得害怕。為人臣者可真賤，主上桀驁不馴吧，被指責為酷暴；主上平易近人吧，又不像人君。而荒淫的漢成帝僅僅因為坐車時能夠「不內顧、不疾言、不輕指」，就被班固贊為有「穆穆天子之容」，可見舉止行為的重要性。不像我們現在，一個電影演員也可能當上總統。那時候演員是俳優，文人一旦被主人「俳優視之」，那就注定了他前途的終結。司馬遷總是一代文宗吧，可是他就慨嘆皇帝把他看作俳優，鬱鬱不得志。景帝時的魏其侯竇嬰老是當不上丞相，竇嬰的姑姑是竇太后，最後看不下去了，就質問景帝，景帝賠笑解釋說：「太后您以為臣吝惜丞相這個職位嗎？實在因為竇嬰他為人輕薄，不像一個公卿的樣子啊。」

那麼張敞有什麼輕薄行徑呢？原來他有個毛病，就是經常下朝後，驅車在章臺街上，用遮臉的竹扇敲馬屁股，顯得很不拘一格。的確，這種行徑在一般的百姓那裡自無不可，但對一個二千石的大官京兆尹來說，就顯得有點輕佻。你能想像現在一個行政長官自己騎著摩托車在街上兜風嗎？撇開安全問題不談，至少也顯得和身分不符，有傷朝廷威儀。在漢代，「傷朝廷威重」是比較嚴重的罪名。皇帝聽說張敞這樣，當然不高興。雖然倚重他的才能，不加責罰，但心裡從此有了成見，張敞想要再升官，路就堵住了。這個故事告訴我們，做下屬的怎麼都行，就是千萬不能讓上司對自己有不好的印象啊！

除此之外，張敞還有一件香豔的事，就是他熱愛為老婆畫眉毛，而且也不保密，鬧得京城的人沒有不知道的。其實拿到現在，這完全是個人的隱私，不值得拿出來被討論，但在那時，這樣的事顯然更傷朝廷威儀，以至於被有司彈劾。皇帝特意把張敞叫來問，張敞竟然回答說：「畫畫眉毛也沒什麼了不起吧？臣聽說閨房之內，夫婦之間比畫眉毛更親熱的事還有呢！」意思是夫婦之間還做愛呢，比畫眉親密多了，怎麼沒有人彈劾？皇帝無可奈何，但因此更堅定了不能重用這個輕薄子的決心。

可憐的張敞還不知道皇帝對他有了不好的印象，當年他的好朋友于定國、蕭望之都相繼封侯拜相，他卻始終在宦海沉浮，而且越來越不順。有一次因為受到司馬遷的外孫楊惲案牽連，按照慣例要被免官。他手下一個叫絮舜的捕頭聽說了這件事，當即把手頭正辦的案件扔下，回家睡覺去了。這個絮舜大概是欺負張敞平時比較隨和，沒有威嚴。有人勸他：「張府君平時待你不薄啊，你這樣過河拆橋，似乎不大好吧？」這傢伙竟然不屑道：「有什麼不好，他在位的時候，我懾於他的威勢，不敢不賣力工作。現在他的京兆尹頂多只能當五天，能把我怎麼樣？」枉他是張敞一手提拔上來的，對老上司的性格全然不知，很快倒楣就找上了他。張敞得知絮舜竟然如此薄情，對自己如此輕蔑，勃然大怒，當即派人搜捕絮舜。其時離立春沒剩下幾天，漢朝的慣例，春天一到，官府就不能處決死刑犯。張敞生怕來不及，派獄吏晝夜對絮舜審訊拷打，絮舜又不是鐵鑄的，哪裡受得了，就這樣被張敞以種種虛構的罪名，構致了死罪。臨行刑前張敞還特意派人揶揄絮舜：「五天的京兆尹又怎樣？冬天快過完了，你還活得了嗎？」史書上對這個情節的描寫無疑非常傳神，因為這顯示了張敞獨特的性格特徵，很難想像其他的酷吏張湯、杜周、王溫舒會這樣做。換言之，殺絮舜對張敞來說就像一場賭氣，剝奪絮舜的性命並不是他的最終目的，更重要的是，他得讓絮舜明白自己死得是多麼可笑和荒謬。

從張敞的經歷，我們顯然能看見一個矛盾的人物，一個殘酷和輕薄的結合體。雖然他妄殺絮舜得了赦免，後來還被皇帝重新起用，但他最後的官職始終就在郡太守間徘徊，不但公卿之位遙不可及，就連京兆尹的舊職也未再獲得，對這樣的一位能吏來說，這不是一個極大的遺憾嗎？我們可以說，張敞性格的某些部分也許更像一個詩人，率性輕易，這大概就是所謂的性格悲劇吧。有人說，所有人間的悲劇都是性格悲劇，這個我們也許可以不贊同，但張敞的經歷，卻無疑可以當作一個正面例子。那些意圖走仕途的兄弟，你們可要引以為戒啊！

「不逆詐」和翟方進的命運

「不逆詐」是孔子的話，出自《論語·憲問》，意思是，不要妄自猜度別人是不是有詐偽之心。深入一點說，就是不要隨便懷疑別人有惡意動機。說實話，「逆詐」這種事是很多人擅長的，比如甲揭發乙的某些問題，乙如果無可辯駁，或者會落荒而逃，或者就會惱羞成怒地反駁：「你甲算什麼東西，輪到你來教訓我，你以為自己就一塵不染啊？而且，不早不晚，偏偏選在這個時候，肯定有什麼動機。是誰派你來的？」或者甚至乾脆來個「誅心之論」，認為甲背後有人指使，於是乎，自己就一下子反敗為勝了。所以，我有時不得不慨嘆：孔子，您老人家真偉大啊，早在兩千五百多年前就發出了「不逆詐」這樣精闢的警告，對人性可謂看得太清楚了。而且，因為對士人來說，你的話簡職可以當法典用，還挽救過不少有志青年，漢代的翟方進就是一個好例子。

翟方進是汝南上蔡人，和秦朝有名的丞相李斯是同鄉。上幾代都是農民，到了翟方進父親這一代，血液裡突然萌生了讀書基因，在郡府當上了「文學」這種小官，於是一發不可收拾。翟方進十二三歲時，老爸就死了，讓他差點要喝西北風。好在漢代人十三歲就可以進入職場，大概憑著死去老爸的關係，翟方進在太守府謀到了個「小史」的職位，也就是抄抄寫寫，和現在的文書人員差不多，不需要太高學歷就可以做。他這麼瘦小，性格大概倔強而自卑，也不知道逢迎拍馬，府中其他的高級官吏都對他詈罵侮辱，無所不為，動不動就說他腦袋積水，笨得像豬。他感到很憂鬱，就去問一個叫蔡父的人，自己最適合做什麼事。蔡父發現他相貌奇特，就說：「小文書啊，你看上去有封侯的骨相啊。不如去讀經書吧。」那時候靠讀經當上三公九卿的確實不少，年代較遠的，有武帝時候的公孫弘、倪寬，年代較近的，有宣帝時候的韋賢、蕭望之，元帝時候的韋玄成、匡衡。所以翟方進一聽，大喜，馬上辭職，要去長安拜師學經術。他只有一個後母，不忍心，也跟著他去長安，靠著織草鞋供他讀書。寒窗十多年，翟方進逐漸有了出息，也開始帶學生了，京師的儒生們都很佩服他。他又去參加朝廷的考試，考得還不錯，最後得了議郎的職位。這時候他大概也年近三十了。

議郎官不大，才六百石，但是職位很重要，經常有機會可以見到皇帝，魏太祖曹操當年就是從二千石的郡太守退下來當議郎的。不久，翟方進歷官博士、朔方刺史。在漢成帝鴻嘉元年末，將近四十歲的翟方進升遷為丞相司直，這就是「比二千石」的大官了。

丞相司直是漢武帝設的，職責是幫助丞相舉奏犯法的大臣。翟方進少年時候在基層當過文吏，雖然地位卑微，但是律令文法那一套還是熟悉的，後來又習儒術。走文法和律令相結合的道路，幾乎是那個時代當大官的必殺技。於是，在西漢後期的舞臺上，上蔡窮小子翟方進閃亮登場的時候來到了。

剛當上丞相司直的第二年春天，漢成帝去長安北面的雲陽縣泰畤祭祀天神，結束了之後順便到附近的甘泉宮休息。翟方進不知道吃錯了什麼藥，知法犯法，坐的馬車竟然行走到皇帝專用的馳道上，被司隸校尉陳慶逮了個正著，當即奏了他一本，把他的馬車也沒收了。那個時候當官的馬車大多要自己掏腰包，沒有所謂的公費，買不起的只好步行。翟方進白丟了一輛馬車，心疼得要命，對陳慶自然懷恨在心。到了甘泉宮之後，在殿中集合，廷尉也就是最高法院院長，范延壽排在陳慶後面，陳慶當時心情有點鬱悶，就回頭和范延壽絮絮叨叨地訴苦：「老范啊，剛才在泰畤祭祀天帝的時候，我做錯了點事，按照律令得花錢贖罪。尚書（皇帝的祕書）抓住我這件事，馬上就要當廷奏報。唉，以前我也當過尚書，曾經要奏報某件事，不小心忘了，過了幾個月才記起，皇帝也沒有在意。但願這回尚書也忘記了才好。」

按照漢朝大臣集會排位的順序，一般是丞相司直和司隸校尉並列，身後是中二千石九卿們。這陳慶真是腦子進水，你心情不好，和范延壽說點閒話解悶，我們也能理解，但你別忘了人家翟方進就在你身邊啊！翟方進從小就因為受不得別人的刁難才辭職的，你剛才沒收了人家馬車，他能放過你？果然，會議一開始，翟方進就上奏道：「陳慶在祭天的時候犯了大罪，一點也沒有悔過恐懼之心，反而認為自己只需花點錢就可以贖免，把法律當成兒戲。他還仗著自己曾經當過尚書，把宮中的事隨口亂說，洩漏宮中機密；又揚言奏報公事快一點慢一點都無所謂，把聖明的皇上您當成空氣，奉詔不謹。這三項加起來都是不敬之罪。臣在此嚴肅地舉報他。」

應該說，翟方進這次奏報夠損的，三項中隨便哪一項如果放在武帝時期，都可能讓陳慶斷頭。好在漢成帝雖然有名的沉迷酒色，對待大臣卻很寬厚，只把陳慶免職了事。翟方進算是出了口氣，報了一箭之仇。由此可見他不僅僅是個只會空談，疏於實事的儒家知識分子，在法律上他的造詣也不低。而且這只是他小試鋒芒，不久發生的另外一件事才讓他在朝廷威名大振，最終震驚朝廷。

事情的起因是這樣的：漢朝的邊郡北地郡有個叫浩商的人，因為犯了罪被義渠縣的縣長追捕，他腿腳靈活，義渠縣長沒有抓到他，很生氣，就把他的老媽抓來，押到義渠縣政府所在的郵亭，和一頭公豬捆在一起。這顯然是侮辱，我們古代罵女人淫賤，習慣是和公豬並提的。《左傳》上說，宋國的公子宋朝長得非常帥，衛靈公的夫人南子很喜歡他，兩人非常曖昧。衛靈公以怕老婆聞名，為了討老婆歡心，還把宋朝特意請到衛國來。宋朝也就如魚得水，流連忘返。有一次衛太子蒯聵路過宋國，宋國人都對著他唱歌：「既定爾婁豬，盍歸吾艾豭？」意思是說，你們求子的母豬已經得到了滿足，為什麼還不歸還我們那漂亮的公豬?漢朝中期以後，當官的人普遍讀點儒書，看來這個義渠縣長也有點文化，懂得文化侮辱這麼一套。不過就是當個縣長，還把人家母親綁到政府大樓門口，有點超過了。

果然，浩商的族人忍不下去了，他們家也是個大家族，於是會集了賓客，假裝成司隸校尉的手下和長安縣尉，誘殺了義渠縣長一家六口。縣長遭到滅門，當然影響很大，也驚動了朝廷，丞相、御史大夫這兩個朝廷最高級別的官員向皇帝請求，希望派遣自己的手下和司隸校尉、各部刺史一起追捕，並查明白事件的起因。皇帝批准了丞相、御史大夫的請求。新上任的司隸校尉涓勛卻突然跳出來反對，說：「按照《春秋》大義，周王手下的官吏即使職稱比較低，但是朝會排位的順序仍列在諸侯之上，這叫做尊重王命。臣現在是皇上您直屬的督察官吏，專門督察內外朝大臣，現在丞相竟然命令他的手下督察我，太狂妄自大了，沒有一點上下禮節。臣覺得，丞相薛宣乃刀筆小吏出身，靠著熟記了幾條律令，判決了幾件案子當上丞相，就自以為是，不知道自己是老幾了。浩商所犯的罪，不過是殺了義渠縣長一家人，這是一家人的禍患;但是薛宣這樣專權擺威風，卻會害了整個國家，這是無論如何不能容忍的。希望皇上把他的罪狀讓中朝的將軍、列侯們討論，該判什麼罪就判什麼罪，不能姑息養奸。」

司隸校尉雖然秩級不高，但由於直接對皇帝負責，所以權力很大，王侯將相無不在他監督刺舉的範圍內，號稱「臥虎」。而且這種涉及到「尊君」的案件，在專制制度逐漸成熟的漢代，當臣子的自然是毫無勝算了。廷議者一致認為丞相薛宣不應該以文書督察司隸校尉。薛宣以精通律令文法起家，儒術這種意識形態雖然後來一度惡補，可究竟年紀大了，比不得別人的「童子功」，鬧得剛當上丞相就受了這麼一悶棍，沒什麼辦法，只能脫掉帽子向皇帝謝罪。

但翟方進看不下去了，他是丞相司直，薛宣是他的上司，上司搞得灰頭土臉，自己也不爽。何況薛宣對他非常禮重，士為知己者死，所以他開始暗暗尋找機會，為上司報仇。他比薛宣強在意識形態和律令文法兼通，這才能可了不得。他的嗅覺又很靈敏，很快就被他捕捉到了機會。

原來涓勳這傢伙也並不像他嘴上標榜的那麼大義凜然。他看不起薛宣，是因為薛宣沒什麼後臺，完全是靠個人本事當上的丞相。按照慣例，司隸校尉初次任命的時候，要去拜見丞相和御史大夫，但是涓勳自以為是，當初竟不去拜見。後來朝會時見到丞相和御史大夫，也傲慢不遜。可是對待外戚王氏就完全不一樣。我們知道，成帝一朝，一直是王氏擅權，不管你當多大的官，得罪了王家人就絕對沒什麼好下場。涓勳有一天在路上碰到成都侯王商的車馬路過，竟然忙不迭下車，等王商的車馬過了才敢上車。還偷偷去拜訪光祿勳辛慶忌，因為辛慶忌和大將軍王鳳關係很好。可見涓勛表面上的「尊君」和正直公義，都是裝出來的。翟方進偷偷偵察到了這一切，立刻上書劾奏涓勛「不遵禮儀，輕慢丞相」。因為名義上丞相仍是百官之首，連皇帝見了也得站起來表示禮重。如果在路上碰見，丞相拜迎，皇帝還得專門下車。翟方進嚴正地指出，涓勛對丞相如此不尊重，對其他貴戚卻諂媚有加，實在是看人欺負，毫無操守，趨炎附勢，無恥之尤，應該罷免。最重要的是，翟方進歷數涓勛這些罪狀時，不但有文法律令作為依據，而且引經據典，把《春秋》、《論語》的大義全搬出來了，要從根本上讓涓勛擔這些臭名：從法律上講，你涓勛不尊重丞相；從大義上講，你涓勛趨炎附勢，首鼠兩端。你以前不是引用《春秋》大義來責備丞相的嗎，別以為就你能，別人都傻，現在也讓你嘗嘗厲害，此所謂「以彼之道，還施彼身」。

皇帝得到奏章，自然要發下來讓群臣討論。太中大夫平當跳出來反對翟方進了。平當這傢伙也是明經出身，《春秋》大義那一套玩得很熟，可能他並沒什麼私心，想和涓勛結黨什麼的，大概就是看不慣翟方進偷偷刺探別人隱私這套把戲。他清清嗓子，開口道：「方進國之司直……」看，第一句話就有出處，《詩經·鄭風·羔裘》裡說：「彼其之子，邦之司直」，可見他經術的嫻熟，這種人惹上了絕沒有好果子吃。接下來的罪狀是

「翟方進身為國之司直，不好好檢點自己的行為，做屬下的表率。年初去甘泉的時候，犯法行走馳道，前司隸校尉陳慶公正無阿，沒收了他的車馬，他不知悔改，反而懷恨在心，偷偷記下陳慶隨便開玩笑說的話，告黑狀。不久前現司隸校尉涓勳因為浩商事件舉奏了丞相薛宣，翟方進又懷恨在心，祕密偵察涓勳的過錯加以舉奏。臣等一致認為翟方進不用道德來輔導丞相，反而結黨營私，指鹿為馬，打壓異己，應當好好抑制住這股歪風邪氣。臣以為涓勳為人一向正直，奸人都畏之如虎，雖然這次有點小錯，但應該稍加寬容，臣保證他一定會改正錯誤。」

平心而論，平當的話也不是沒有一點道理。翟方進是個睚眦必報的人，他舉奏兩個司隸校尉，的確有挾私報復的因素。人都是有私心的，來而不往非君子，以直報怨嘛，這是人性的弱點。但是放到法律層面上來說，就得就事論事，挖掘別人的背後動機是不對的。前成帝一向以昏庸著稱，其實智商並不低，他只有兩個弱點，一是好酒色，二是講親情。前者使他沉迷於趙氏姐妹的蠱惑，後者導致王氏專權，王莽篡國。他不是不知道王氏專權之害，可是每當舅舅們一裝可憐，太后一哭，他就心軟了。對當前這件事，他很快做出了清晰的判斷。他說：「我認為翟方進的舉奏很有道理，涓勳趨炎附勢，讓人不齒。而且對待丞相也確實不符合朝廷禮法。至於翟方進背後有什麼動機，這我管不著，孔子他老人家都說『不逆詐』，要就事論事，不能隨便猜測別人背後的動機。不是嗎？」於是把涓勳貶為昌陵令。

翟方進一年之間，使得兩個司隸校尉遭貶，威震朝廷，很快就升為京兆尹、御史大夫、丞相，賜爵列侯，最後連薛宣也要拍他馬屁了。可見「不逆詐」這句話對翟方進的一生有著多麼大的影響。如果孔子沒有發現「逆詐」的危害，成帝腦子也沒有這麼清醒，那翟方進的命運可能會完全不同。古人說：「一言可以興邦，一言可以喪邦。」

對於翟方進來說，真可謂是一言可以救人，一言可以替人了。所以，當我們因為某個過失遭到別人指責的時候，最好是勸服自己要「不逆詐」，而應該捫心自問，這件事自己究竟有沒有做錯，深挖別人的動機是很無聊的，不利於解決問題，自身也難得進步。

當然，我覺得要做到這點很難。

陳萬年：做官的祕訣

自古以來，理論和實作一直是不可調和的兩個矛盾。理論家一般不懂得實作，原因是什麼，按照古人的理論，那是說不出來的。現在，則可以名之為性格悲劇。

歷史上，我覺得最好笑的理論家就是韓非。

韓非曾經寫了一篇〈難言〉，勸說韓王接受自己的主張。在這篇文章中，韓非滿懷委屈地訴說了自己有志不獲騁的苦惱，列舉了有關臣下向君主進言的種種困難。他說，如果臣下向君主進言時，文采風流，洋洋灑灑，就會讓君主覺得華而不實；敬慎恭厚，鯁直堅固，則會讓君主覺得笨拙不敏；多用一點排比句，則會被認為空虛無用；不用排比句，直言說事情的大概，則會被認為沒有口才；直率不隱，涉及君主的寵臣，則會被認為胡說八道，有誣陷之嫌疑；博大宏通，深微難測，則會被認為誇誇其談，缺乏實踐之能力；透過家長裡短，雞毛蒜皮的故事來闡明宗旨，則會被認為鄙陋不堪；順著君主的意思來，毫無違逆，則會被認為貪生怕死，諂媚阿諛……總之，要想成功地勸告君主實在太難了。

其實，這些話正好說明了韓非的書生特徵。真正的諂媚之臣，是不會有那麼多理論的，也列舉不出那麼多深奧複雜的言辭。只有會結巴的韓非，因著他那濃重的自卑感，才會在上書之前患得患失，無端把事情想得複雜。這裡我們可以把目光投向幾百年後的漢代，讓一個叫陳萬年的人給我們些許啟發。

陳萬年是沛郡相縣人，出身低微，不過是個郡吏，因為有政績，升到縣令，又升到廣陵太守。後來又升到右扶風為官，也就是京師重地三輔的長官；沒做幾年，又升到太僕，這就是部長級的高官了。像他這樣一個小小郡吏出身的人，為什麼能升遷這麼快呢？除了他自己品德好，廉潔端平之外，還在於他非常懂得諂媚上司。他把家財散盡，不遺餘力地賄賂當時的外戚許、史兩家，尤其獲得了樂陵侯史高的歡心。對丞相邴吉，他也極盡巴結之能事。這些苦心最後終於結出了豐碩的果實。有一天，邴吉病重，按照規矩，朝中部長級的官員都去探病。邴吉派家臣出來說：「謝謝大家的好意，但是君侯說他身體不好，暫時不想見人，大家請回吧。」官員們沒拍到馬屁，都悻悻地告辭。陳萬年也想離開，衣袖卻被家臣悄悄扯住：「君侯請您單獨進去敘話。」陳萬年大喜過望，激動地跑進邴吉的病房。邴吉已經靠在床背上，欣然等著他的到來。這一天他們談了很多話，從上午一直到黃昏，眼看街上要宵禁了，陳萬年才依依不捨地和邴吉告別。

他們的談話具體內容是什麼，史書上沒記載，我們也不好亂猜。但是既然聊了一整天，大概大到政治、經濟、文化，小到家庭生活，都不會有所遺漏。後來宣帝親自探望邴吉，邴吉說：「我看朝中大臣只有三人很有才華，陛下一定要重用。」皇帝問哪三人，邴吉道：「廷尉于定國，西河太守杜延年，太僕陳萬年。」宣帝點點頭，四年後，下詔拜陳萬年為御史大夫，相當於副丞相。可以說，陳萬年一生的發達，就在於懂得諂媚。

《漢書》裡記載了他和兒子陳咸一段生動的故事。陳萬年曾經重病，特意把陳咸叫到床前來進行教誨，他從自己一生的經歷開始，喋喋不休，講到自己歷經艱苦，從一個不入流的小官升到副丞相的全部過程，口沫橫飛，越講越開心，直到夜深還不肯住嘴。陳咸一開始還有點興趣，聽到後來，發現多是陳穀子爛芝麻，沒有什麼新意，加上很想睡，就佯裝坐著，實則偷偷打瞌睡。不過一旦人睡著了，就沒辦法掩蓋，他身體雖然坐著，腦袋卻不聽話，像牛糞一樣軟塌塌地垂了下來，觸在旁邊的屏風上。陳萬年口沫橫飛地講著自己的發跡史，心情正是不錯的時候，發現兒子竟然如此心不在焉，當即勃然大怒，喊來家臣，要對陳咸進行家法處置，嘴裡還斥責道：「老子教你做官之道，就是為了讓你小子將來在官場上混得如意，不至於墮了我的家聲。你小子竟然偷偷睡覺，是何道理？來人，給我打。」

陳萬年確實有理由傷心委屈，要不是他這麼拚命，一生拚搏到副丞相這個級別，陳咸能成為官二代嗎？不成為官二代，能按照當時「蔭子」的慣例，年紀輕輕就當上官嗎？現在大家都知道，做得好不如生得好。生在富貴人家，從小就錦衣玉食，要看書，家裡藝香滿櫃；要遊學，請幾個名教授當家教；要學外語，請幾個外國人來直接訓練口語。這些都是那些窮小子想都不敢想的，大多數窮小子因此注定要一生受窮，因為和富家兒郎相比，他們首先輸在了起跑線上。陳萬年辛辛苦苦掙下了家業，竟然遭到忽視，怎麼能不傷心？就算撇開這點不談，像他這樣德高望重而油嘴滑舌的老官僚，如果被某大學請去教為官之道，出場費起碼就得有十幾萬，現在他免費傳授經驗給兒子，兒子竟然睡著了，簡直是豈有此理。可憐天下父母心啊，你陳咸怎麼就不懂得珍惜呢？

陳咸見老爸真的發怒了，也有點害怕，趕忙嚎叫道：「大人饒命，其實大人講話的精髓，兒子全部掌握了。大人不必擔心，兒子將來一定會混得很好。」

陳萬年見兒子這麼說，怒氣消了幾分。本來他也不想真的打兒子，不過是怕兒子不聽話，將來在官場上跌倒，辱及家門而已。既然兒子掌握了自己的講話精髓，何必打呢？於是他命令家法暫停：「好你個不肖子，你說，老子講話的精髓是什麼？」

陳咸伸出一根指頭，道：「大人講話的精髓就一個字。」

陳萬年心頭的怒氣又竄上來了，心想，老子講了這麼多，你說一個字就可以概括，豈不是胡說八道，你以為你是寫《道德經》的老子啊。於是他大喝道：「你倒說說是哪個字？說得不對，老子非把你個不肖子的屁股打爛不可。」

陳咸趕忙諂笑道：「大人息怒，這個字就是：諂。」他把「諂」字唸得鏗鏘有力。

好像晴天霹靂一樣，陳萬年呆住了，旋即心裡激盪著欣慰的浪花。確實，他講了半夜自己的豐功偉績，不就是這個「諂」字嗎？如果不是巴結史高和邴吉這些朝廷高官，他怎麼能混到這麼高的位置？這個兒子，還真是悟性不低。陳萬年的怒氣頓時消失得無影無蹤，嘴巴上卻不好示弱，只好揮揮手：「不肖的逆子，還不快給我滾出去。」

和比自己晚生兩百年的陳萬年相比，韓非實際上是個理論的巨人，行動的矮子。陳萬年一輩子風風光光，沒有留下隻言片語，但人家只認準一個「諂」字，就吃遍天下，取得了成功。韓非卻擔驚受怕，設想了無數種自己可能被君王拒絕的可能性，實際上是自披枷鎖。

韓非和陳萬年的不同境遇雄辯地證明，再華麗的理論也不如簡陋的行動。韓非，大概算是另一種形式的「紙上談兵」吧，他是文人群體中的趙括。

彭寵之死：注意身邊的小人

彭寵是東漢初年人，早年追隨劉秀，做了很大的官，統帥了很多軍隊，可是他的死實在很讓人憐憫，我看古今王侯，很少有像他那樣死得沒尊嚴的了。

他起兵在新莽末年，投靠劉秀之後，立了很大的功，劉秀率兵圍攻邯鄲王郎的時候，都是靠他從漁陽轉運糧食，才不致匱乏。但是劉秀後來到了薊城，召見他，對他的接見不夠隆重，他覺得自己受了委屈，心裡開始有點不悅。

劉秀有察覺到這點，問幽州牧朱浮。朱浮當時是舞陽侯，拜幽州牧，算是彭寵的上司。這個人自小也很有才名，比較自負，當上幽州牧後，廣召名士引入自己幕下，並下令各郡縣提供這些名士的家屬優厚待遇。彭寵時任漁陽太守，對朱浮這個做法有意見，他覺得天下未定，應當多儲備軍糧，不能把錢亂花，所以拒絕聽從朱浮的命令。朱浮一向很驕傲，哪受得了下屬這種輕視，於是上書痛詆彭寵，兩人從此結怨。如今劉秀徵求朱浮的意見，朱浮能放過這個好機會嗎？

朱浮說：「彭寵這是心懷不滿呢，上次他覺得大王應該早早到門外迎接他，然後請進屋，握手對坐歡談，沒想到大王根本不在乎他，他當然不高興啦。」他還進一步煽風點火：「當年王莽非常寵信甄豐，經常夜半召甄豐進府商議政事。後來王莽篡立為皇帝，給甄豐的官卻不夠大，甄豐大為不滿，使王莽對他銜恨，最後終於因事被誅。」

朱浮這招確實很奸詐，他的意思是，劉秀靠彭寵挽回頹運，卻對之不夠禮敬，已經結下了嫌隙，乾脆現在藉機將彭寵幹掉，免得將來成為絆腳石，阻礙劉秀登基稱帝。

劉秀大笑道：「不至於這樣吧。」似乎沒有把這話放在心上，但到底他心裡怎麼想，就只有天知道了。總之在古代當功臣有很大的風險，在主觀或者客觀的原因下，帝王想不想犧牲你，完全在他的一念之間，沒有任何制度可以對他的行為形成約束。像彭寵這樣鋒芒畢露的人，要想掌握命運，實在有一定的難度。

當然彭寵確實也有點志得意滿，不諳中國官場上腐臭的明哲保身之道，在此後的歲月裡，他一如既往地展示著自己粗獷的性格，有了意見一定不肯藏在心裡。劉秀即皇帝位之後，彭寵發現當年舉薦給劉秀的部下吳漢和王梁都當上了三公，而自己依舊沒有升官，更加不高興了，說：「我的功勞應當為王，可是現在卻沒有，皇帝看來是忘記我了。」

其實彭寵也早封了建忠侯，號大將軍，官漁陽太守，身佩三組印綬，雖然不至三公，但也位為人臣之貴。他吵著要封王，按照前漢的規矩，他這個異姓功臣，根本不可能封王。這說明彭寵確實也有些貪心，最後被奸人讒毀，也不是完全事出無因的。

這裡必須要提到彭寵的妻子，因為彭寵的可憐命運，完全和他的妻子有關係。說起來這對夫婦還真是天生絕配，兩人都是很剛硬性格的人，反襯出他們死得沒尊嚴，更讓人覺得人性的可憐和命運的無奈，他們在被殺前，肺應當已經氣炸了吧。如果當時有人將他們的屍體進行解剖，或許會驗證這一點的。

話說彭寵鬱鬱不樂地繼續當他的漁陽太守。漁陽當時沒有受到太多的兵災，又有鹽鐵官，彭寵認真經營，用鹽鐵去換穀子和珍寶，累積了一些財富。有錢膽就壯，這時誰要不惹這種膽壯的人還好，一旦惹了，他必定會跳起來。

目睹彭寵的治績，朱浮當然越來越坐不住。熟悉中國歷史的人都知道，當官固然是光彩無比的職業，但也是凶險無匹的職業，相互看不慣的兩方，常常採取各種下流手段把對方搞下去，不是你死就是我活。因為取勝的一方，一般不會留下失敗一方的活口。所以，自古以來雖然有無數聰明人，卻不得不把聰明耗費在這種無益的政治鬥爭中去。由於贏者通吃，也使得一般人形成了一個又臭又硬的價值觀：成王敗寇。

朱浮知道，不搞定彭寵，自己將來能不能壽終正寢就是個未知數。要保證自己壽終正寢，就必須使彭寵死於非命。所以，在後來的歲月中，朱浮一直鍥而不捨地在劉秀面前說彭寵的壞話。他是個讀書人，嘴巴和文筆都很好，《後漢書》裡錄了他不少書信諫章，文采斐然。他苦心孤詣地從各個角度對彭寵進行打擊，說彭寵品德很差，貪財好色，曾經派掾屬迎接妻子到官署團聚，卻對母親不聞不問。概括起來，就是「不孝」。在當時，這是個天大的罪名，西漢的薛宣，曾經就因為這個罪名被差點免職。尤為重要的是，朱浮還密奏彭寵多聚錢穀，意圖不軌。概括起來，就是「不忠」。也許統治階級能容忍不孝，但能容忍不忠的人，可以說絕無僅有。在朱浮堅持不懈的讒毀下，劉秀也心有所動，下詔召彭寵進京。彭寵也不是白痴，上書要求和朱浮一起接受徵召。照理說，劉秀應該答應彭寵的要求，讓兩人在殿上對質。可是侍弄莊稼比較拿手的劉秀卻對賣菜不甚擅長，對彭寵的討價還價，劉秀生氣地拒絕了。彭寵自然更加害怕，他老婆性子剛烈，大怒道：「老彭，我們功勞這麼大，皇帝卻這麼冷血，簡直豈有此理，士可殺不可辱，你要還是個男人的話，就一定不能進京。」

可見彭寵的老婆徒有熱血，對政治卻一竅不通。殊不知在很多時候，皇帝對你冷血，正因為你功勞大。彭寵本人到底有些政治頭腦，知道不能意氣用事，於是召集心腹部將討論。心腹們也都對朱浮懷恨在心，勸彭寵不要應詔。彭寵這才堅定了決心。這時正好劉秀也擔心彭寵不肯應詔，派了彭寵的堂弟子後蘭卿來勸告，彭寵當即扣留了子後蘭卿，發兵攻擊駐紮在薊城的朱浮。朱浮是個文人，打仗不行，這時又賣弄嘴皮子，寫了封書信斥責彭寵，說彭寵不忠不孝：「與吏人語，何以為顏？行步拜起，何以為容？坐臥念之，何以為心？引鏡窺影，何施眉目？舉措建功，何以為人？惜乎棄休令之嘉名，造鴟梟之逆謀；捐傳世之慶祚，招破敗之重災；高論堯、舜之道，不忍桀、紂之性。生為世笑，死為愚鬼，不亦哀乎！」

接連幾個排比句，確實很有氣勢，勸告也似乎正氣凜然，卻絲毫不檢討是自己把人家彭寵逼到這步田地的。彭寵看了這封酸到不行的書信，越來越憤怒，加緊進攻。他是行伍出身，一路順利，沒多久就攻破了多個縣邑，還和匈奴人祕密聯繫。匈奴人派了七八千騎兵南下相助，加上其他割據豪杰的響應，彭寵順利擊破薊城，將朱浮趕得倉皇而逃，於是乾脆自立為燕王。

眼看彭寵的事業做得風生水起，沒想到形勢急轉而下，禍起蕭牆，很快死在身邊的小人手裡。我們已經不大知道歷史上的彭寵到底是怎樣的一個人，正史對於失敗者是很少能有客觀描述的，從一個不得志的英雄的角度來說，他是出師未捷身先死。這世上固然有很多人能使屬下為他赴死如歸，但這個因素太複雜，他們有的是善於欺騙，比如某些政黨領袖，信誓旦旦地為信徒描繪一個理想的天國；有的人是偽善，比如吳起為士兵吮瘡。因此，並不能以此來斷定這些人有多大的人格魅力。彭寵縱然死在親信手裡，又能說明什麼呢？

殺死彭寵夫婦的人名叫子密，是彭寵身邊的蒼頭奴。所謂蒼頭，是漢代對奴僕的稱呼。當時彭寵準備祭祀，之前舉行齋戒儀式，就獨自一人在便室的床上睡覺。子密看他熟睡，當即和另外兩個蒼頭奴將彭寵捆綁在床上，然後出去告訴門外的侍衛：「大王進行齋戒，讓大家放假，你們不用守衛了，都回去休息吧。」接著這幾個跳梁小丑又假傳彭寵的命令，將其他奴婢全部綁起來，藏到別人看不到的地方，再假傳彭寵的命令，呼召他的老婆。

彭寵老婆一進門，看見老公被綁在床上，大驚失色。彭寵大聲道：「老婆，快，為這幾位將軍置辦金銀細軟。」顯然他的意思是想撫慰三個跳梁小丑，希望他們拿了錢財就放自己一條生路。與此同時，三個小丑早已將彭寵老婆按在地上一頓暴打，打得她鼻青臉腫，然後押著她進屋取金銀財寶。這極像我們在電視上看到的劫匪案件，很多有錢的老闆就是這樣死在貪財的屬下手中的。我們可以預見這對夫婦的結局，這也同樣展示了人性的卑微可憐，在最後一絲希望沒有泯滅時，絕不敢拚死反抗。我們每個人都是如此。

當子密帶著另一個同夥押著彭寵老婆去取金銀細軟的時候，剩下一個奴僕守著彭寵。彭寵不失時機地勸說道：「你這個孩子乖巧，我向來就很喜歡你，你今天這麼做，不過是被子密裹挾的罷了。現在解開我，我把女兒阿珠嫁給你，家中所有的財物也都是你的。」

這顯然是誘騙，那奴僕卻有點心動，他到門外看了看，發現子密竟然在門外偷聽，於是打消了這個愚蠢的念頭。接著子密等將彭寵家中的財寶搜刮乾淨，足足六匹馬才能裝下。然後命令彭寵老婆：「縫兩個縑囊。」

彭寵老婆不知縫縑囊要做什麼，但也無可奈何，除了忍氣吞聲縫好，又能怎麼辦？三個奴僕守著彭寵夫婦，焦躁地等到暮色降臨，才將彭寵的手解開。這可不是想放彭寵一馬，第一莫做，第二莫休，這個道理傻瓜都懂。他們塞給彭寵一支筆，命令他寫一道命令給城門將軍，內容是：「現今派遣子密等三個人到子後蘭卿那裡去，立刻開門放行，不得延遲。」

剛寫完最後一道筆畫，竹簡就被子密粗暴地抽走，旋即兜頭一刀，將彭寵的首級砍下。彭寵的老婆還沒反應過來，噗哧一聲，首級即刻也離開了自己的身體。可憐一代梟雄，燕王彭寵夫婦的生命就這樣滑稽地戛然而止。他們一腔憤怒的血大概濺得滿牆都是，如果鬼魂有靈，他們也當嘆息自己本來不該是這種死法。

子密將兩人的首級沖洗乾淨，裝進彭寵老婆用細細的針線縫製好的縑囊裡，原來那兩個縑囊是用在這裡。這可比被賣還幫數錢要悲情得多吧？三個小丑懷裡拿著首級，趕著六匹馱滿金銀細軟的駿馬，順利地出了薊城，直奔往洛陽，跑去向劉秀請功。

聽完這三個豎子的自我誇耀之後，劉秀大概也覺得實在噁心，於是封子密為不義侯。漢代封侯多以地名，「不義」兩個字顯然不是地名，而是劉秀對子密行為的評價，這樣莫名其妙殺主求榮的人，除了「不義」兩個字，也實在無法用其他的詞語來評價了。要說起來，子密他們算是命好，如果碰見劉秀的老祖宗劉邦，大概會被立即拿下，綁到三軍前宣告：「千萬不要學這幾個傢伙殺主求榮。」然後咔嚓一聲，砍下他們的腦袋來祭祀彭寵夫婦。這樣的氣魄，流氓劉邦是有的，我們卻沒辦法要求耕讀世家出身的劉秀。

後漢的開始，大概是刺客極為盛行的時代，秦漢之交的將帥們鮮能看見頻頻被刺客殺死的場面，但在兩漢之交，獨當一面的將帥在軍中被刺卻屢見不鮮。彭寵更慘，竟然死在自家奴僕手裡。我不知道《後漢書》的作者為什麼獨獨把這段故事敘述得這麼詳盡，也許他自己也被這場謀殺打動了吧！我之所以在此不避繁瑣地複述這個故事，也全然是因為這段文字描寫得觸目驚心。除此之外，倒沒有別的更深含義。

孔融悲劇的新解

後漢建安十三年，也就是西元二〇八年，曹操準備南征劉表，理由是消滅割據政權，復興大漢的一統江山。曹操心裡真正怎麼想，誰也不知道，不過可以肯定一點，他再也不是剛出道時的那個曹操了，剛出道時的曹操，應該確實如他自述的那樣，是全心全意要做一個漢室忠臣的。

在出兵之前，曹操還騰出空來消滅了一個知識分子，這個人拿到現當代的文壇，可能沒辦法和魯迅比，但和沈從文、茅盾至少是一個級別的，他的名字叫孔融。

為什麼要殺掉這麼一個大文豪呢？很簡單，因為政治。中國自古以來被政治殺掉的文豪車載斗量，孔融還算不上是其中最傑出的，之前被王允殺掉的蔡邕，只怕就高他一籌。

以今人的眼光來看，孔融很不識相，在曹操基本平定了北方之後，他竟想讓曹操還權給漢獻帝，這怎麼可能？恰巧這時孫權的使者來了，孔融對著使者發了一大堆牢騷，具體內容，史書上沒有記載，但肯定不會是什麼好話。在當時，這叫「訕謗之言」，熟悉《漢律》的都知道，此罪名不管是否坐實，一旦上位者願意，肯定是死刑。

史書上之所以沒有記載孔融「訕謗之言」的具體內容，大概是史家諱言，不敢著筆。從情理推測，應該是說了些曹操有異心，想篡位之類的話。孔融自恃才高，向來口無遮攔，說出這樣的話一點都不奇怪。但這條罪很敏感，不好拿到桌面上來講，也沒有這個必要，因為孔融的罪行多得很，犯不著抓住這條不放。

舉報孔融的人名叫路粹，當時官為丞相軍謀祭酒，換到現在，也不知什麼官職能與之對應，總之屬於軍事智囊團團長。他條奏的孔融罪行有以下幾條：

- 第一，任北海相的時候，招兵買馬，圖謀不軌，號稱自己是孔子之後，應當主宰天下。
- 第二，和孫權使者交談，言語不檢，訕謗朝廷，自以為天下第一，無人能比。
- 第三，無視朝廷禮節，官帽不好好戴，包塊頭巾就到處跑，把自己混同於一個普通老百姓。
- 第四，和一個叫禰衡的人交流了很多不孝的話，敗壞人倫；還互相吹捧，無恥之尤。

以上四條，有的當然是誣衊，有的不好放到桌面上說，有的只是小節，不至於死刑，最後處死的罪名大概是「不孝」。這也有證據，因為孔融被誅之後，兔死狐悲，不但其他文豪惴惴不安，讀過他文章的各地知識分子也都很同情。曹操感到輿論對自己不利，因此又專門發布了一條文告，對處決孔融做了補充說明，說明是這麼寫的：

太中大夫孔融已經因罪被處決，但是因為他文筆好，很多人都被他蠱惑。他竟然大肆宣揚，父母沒什麼可親的。對父親來說，生孩子只是為了滿足自己的情欲；對母親來說，肚子像個瓦罐，孩子不過像一個物品寄存在瓦罐裡，拿出來後，就和瓦罐沒什麼關係了。

還說，如果碰到饑荒，寧願把食物送給別人，任父親餓死。該犯違反天道，悖逆人倫，死有餘辜。希望大家不要受那些別有用心的人煽動，認為政府殺錯了人。

魯迅先生也認為孔融的被殺，主要還是因為「不孝」。就《漢律》來說，以「不孝」判死刑也屬天經地義，一點都不冤。但是，如果我們檢點孔融一生的行跡，就會覺得這件事相當弔詭。且不說曹操是個法家，向來對儒家忠孝人倫不大在乎，當初選用人才時就說過，不忠不孝也不要緊。重要的是，如果孔融上述的話是真的，那就和他自己平生的行事完全相悖，顯然他是個人格分裂的人。

我們都知道孔融四歲讓梨的故事，可知他很小就接受了名教倫理薰陶。十三歲的時候，父親去世，他哀痛得差點掛了，走路都要人扶，被鄉里稱為至孝；十六歲時，因為自作主張窩藏了一個通緝犯張儉，和哥哥、母親搶著認罪受死，轟動天下。這樣的人，怎麼會說那些悖逆人倫的話呢？怎麼可能不孝呢？

尤其可悲可嘆的是，他還曾為維護孝道高舉過屠刀。據《藝文類聚》引三國吳秦菁的《秦子》，孔融做北海相的時候，有一天在路上看見一個人在墳墓邊為自己的亡父哭泣，非常感興趣，特意停下來仔細觀察，發現這人哭是哭了，臉色卻一點都不憔悴。我們知道，按照儒家的經義，父母死的時候，應該悲傷，但不能過度到損害身體的地步。然而在後漢，所有自以為正直的知識分子，都以悲傷到哀毀骨立為榮，孔融曾經就是靠這個博出名聲的，哪能容忍有人和自己背道而馳呢？當即把這人抓到官府，以「不孝」的罪名殺了。

拿到現在來看，如此枉殺百姓，可稱得上十足的惡吏。在當時，就算不孝該死，也該有證據。我們知道，這世上本不乏喝涼水也豐肥的人。《晉書》裡說王戎的兒子從小很胖，連王戎也看不慣，於是令兒子天天吃糠減肥，但肥依舊沒減下去。哪有見人服父孝不憔悴就殺人的道理？這件事足以說明孔融的殘忍，也讓我們恍然一驚，原來所謂砥礪節義的仁厚儒生，殺起人來一樣不眨眼。其實後漢清流黨人中有類似行徑的不少，我向來認為和酷吏差不多。但酷吏還承認自己殘酷，只說是依法不得不如此；而儒生卻認為自己正當，殺的都是惡人，非常高尚。這種道德高尚感之恐怖，可以讓孔融像法布爾（Fabre）觀察昆蟲一樣，仔細觀察一個喪家臉上細微的表情。就這點來看，孔融最後被曹操以同樣的罪名殺掉，其實是一點也不冤枉的。

我們說孔融這個人很殘忍，還有很多其他例子。同樣是在他任北海相的時候，曾經派五個督郵下去催租。所謂督郵，屬於郡一級長官下屬的監察官員。當時每郡一般依大小分為幾個地區，每個地區由一個督郵監察，主要是監察地區內縣令級別官吏的不法行為，發現了就馬上進行調查，當然有時也管管收稅之類的事。因為天下大亂，百姓流亡，租稅收不齊，孔融一怒之下，竟然將五個督郵全部判處死刑，立即執行，搞得郡中譁然。

而且孔融有時偏執到不知好歹，他手下有個叫左丞祖的人，發現他的才能不足以治軍（因為屢屢被黃巾軍打敗），就勸他和袁紹、曹操結納。這本來是一番好意，他卻認為袁紹、曹操終究會篡奪漢室，遷怒之下將左丞祖也殺了。這些都可看出他的褊狹殘忍。

可笑的是，後來他到處失敗，一事無成，最後還是跑到許昌，在曹操把持的朝廷做官了。他屢屢譏諷曹操殺人，從未想過他自己有權的時候，殺人也是不講道理的。他這種行徑，用後世的話說，就是「只許州官放火，不許百姓點燈」。

當然，孔融肯定不會承認這一點，如果我們能透過巫師找回他的鬼魂，他肯定會說：「不，我跟曹操不同，我殺人，殺的都是該殺的人，他們都是十惡不赦的禽獸，死有餘辜。」

這是孔融真實的想法，也是後漢知識分子群體的真實想法，他們從哪來的道德優越感呢？為什麼會這麼自信呢？當然是來自於儒家經典。

但這個儒家經典，嚴格地說，是經過他們自己改造的經典。

和前漢不一樣，後漢的儒生勢力非常強大，後漢的道德君子和偽君子比前漢要多得多，只要瀏覽過《漢書》和《後漢書》的人，都會得出這個印象。這時的儒家，已經很難說是孔子的原始儒家了。

有學者曾舉過「孔子上任七日殺少正卯」的例子，來揭露後漢儒生對孔子思想的改造。他們生活在專制時代，不自覺地把法家思想嫁接到儒家頭上，孔子也就改頭換面成了一個手執真理的殺人狂。類似的改造證據其實還有很多，從《後漢書》中記載的那些儒生士大夫文章來看，以前的很多歷史都已經失去了真相。比如焚書坑儒，在黨人首領李膺的奏疏中，已經坐實在秦始皇頭上，但近來很多學者都已經證明坑儒一說並不真實，乃是層層偽造的歷史。孔融自己的奏疏中提到趙高時，罵他是個閹人，現在也有學者根據《睡虎地秦簡》考證，趙高並不是閹人。那麼，後漢儒生普遍認定趙高是個閹人，顯然和當時的歷史背景密切相關。說起來，趙高所處的時代距離後漢不過三四百年，那時的社會變化不大，照理說趙高是否為閹人屬於簡單的史實，不可能搞錯。但宦官們都未對此進行過反駁，這是為什麼呢？

因為話語權在儒生這邊。按照章太炎的話來說，他們有積非成是的能力。在後漢的政治鬥爭中，雖然大部分時間是宦官掌握著國家運作，但輿論權從來不在他們手裡。這也就預示了他們不但最終輸於當時，也將輸於歷史。

而掌握了話語權的儒生，對後漢王朝又有什麼貢獻呢？可以說，除了空談之外，貢獻不大。甚至可以說，後漢的徹底滅亡，多少是由那個家中世傳《孟氏易》的袁氏家族首領袁紹促成的。

讀過《後漢書・宦者列傳》的人就知道，後漢的宦官不但沒有我們所想的那麼壞，而且其中不乏賢人。比如鄭眾，「一心王室，不樹豪黨」；蔡倫，「有才學，盡心敦慎，數犯嚴顏，匡弼得失」；良賀，「清儉退後」，死後讓皇帝都思念他的忠厚；曹騰，「奉事四帝，未嘗有過。其所進達，皆海內名人」；呂強，「清忠奉公」，面對封侯的賞賜「辭讓懇切」，說起來，這些優秀品格，就算那些最正直的儒生，也頂多不過如此，為什麼他們動不動就逼皇帝把閹人一網打盡呢？

表面上儒生可以說得冠冕堂皇，說是宦官專權，朝政黑暗。但歸根結底，還是為了爭權。只要稍微回顧後漢傾覆的過程，就可以看到這點。

靈帝死後，掌握政權的是大將軍何進。照理說，何家出身低賤，是由宦官們推舉起來的，何進本該對宦官有感恩之心。但他完全被袁紹迷惑了，決定把宦官全部誅滅。他之所以對袁紹的話信之不疑，大概因為自己出身屠家，想高攀儒家士大夫的緣故。不過他的建議不被妹妹何太后採納，連他弟弟何苗和外祖母舞陽君也反對他，史書上說何苗和舞陽君收了宦官們很多賄賂，所以為宦官說話，實際上未必是那麼回事。何苗對何進曾苦苦勸誡，說：「我們剛從南陽來的時候，都是窮鬼，如今這麼富貴，都是靠宦官們提拔。說是誅滅宦官，就可以海內昇平，國家大事，哪有那麼容易？還是認真考慮一下，和宦官們和好為上。」

何苗的話其實很有道理，從中國的歷史來看，一個朝代最後發生危機到傾覆的邊緣，大多數是因為制度本身的原因，和某個特定團體的關係不大。誠然，宦官因為總領樞機，免不了會魚肉百姓，武斷鄉曲。但是，難道儒生當政，他就不貪汙不腐敗？後世以科舉取士，哪個大官不是熟讀儒書，還不照樣出嚴嵩、和珅這樣的人嗎？

袁紹見事不成，又慫恿何進徵召四方郡守率兵入京，以誅戮宦官為名，逼太后就範。這種餿主意何進竟然聽從了，最終導致宦官不惜拚死一搏。中常侍張讓設謀捕獲了何進，面責他說：「天下憒亂，難道都是我們這些人的過錯？你們就個個都是好人？況且當初何太后鴆殺王美人，差點被先帝廢黜，不是我們苦苦哀求，每個人貢獻千萬家財討好先帝，你能有今天嗎？現在你竟然想滅我們所有人的宗族，未免太忘恩負義了。你說我們貪墨，公卿以下誰又忠正清廉？」

最後一句質問，問得很好，張讓敢這麼問，也可以說是看穿了儒生士大夫的虛偽。

那個袁紹，應該是儒生士大夫的領袖，在何進被殺之後，他是怎麼做的呢？他當即率兵進攻皇宮，攻不下就放火焚燒。之後又割據冀州，意欲取代漢室稱帝。劉表是後漢清流的領頭人物，也割據荊州，車輿服飾僭擬天子。他們天天嘴上說忠孝，哪個又是漢室忠臣？哪個又比宦官高尚？其實只要是人，只要掌握了絕對的權力，就會有絕對的腐敗。宦官是這樣，知識分子是這樣，一般的官僚也是這樣。從比例上來講，宦官中邪惡的人並不比其他群體中更多。況且宦官因為身體殘缺，至少不會有稱帝的野心，對皇帝來說，袁紹、劉表的所作所為就比宦官更加邪惡。皇帝有什麼理由不更信任宦官？

更重要的是，後漢儒生和宦官相爭的歷史，大多數都是儒生率先發難，宦官則依仗皇權加以報復，最終兩敗俱傷，三國割據的時代也因之而成。這是當時生活在那塊土地上所有人的悲劇。同樣的悲劇，後來還不斷重複。史家不明就裡，以為真有所謂正義和邪惡之爭，永不醒悟，說起來也是很可悲的事。

悲劇既已鑄成，照理說儒生如果真有治國才能，掃除宦官之後，雖有董卓把持朝政，也有機會拚盡全力將董卓趕走，而後漢或許還有重新穩定的機會。但我們在史書上看到的卻不是如此。

同樣是我們開篇提到的孔融，他被董卓任命為北海相，有充分的機會施展才華，擊滅黃巾，穩定本郡。剛就任時，他也確實是「收合士民，起兵講武，馳檄飛翰，引謀州郡」，一副要治平天下的樣子，結果卻屢戰屢敗，最後竟棄土而逃；後來又被劉備舉薦為青州刺史，掌控一州，卻被袁紹的兒子袁譚打得丟盔棄甲，連妻子也被俘虜，隻身一人逃回許昌。如此貪生怕死，本來就是不合儒家節義觀的，而且他投奔的還是自己甚為輕視的曹操，當年正是為此他殺了左丞祖，倘若左丞祖在天有靈，不知將何以感嘆。後漢的王充曾比較過儒生和文吏的區別，提到儒生不會治理政事，所以一直遭到文吏的嘲笑。像孔融這樣無能又殘忍的儒吏，難道不該被嘲笑嗎？我們可以大膽想像一下，如果孔融能像曹操那樣統一北方，他肯不肯還政給漢獻帝呢？只怕也是不會的。

就因為孔融既無治國之能，又不斷搗亂，惹得曹操不得不痛下殺手。他以不孝的罪名枉殺別人，曹操最後以不孝的罪名殺了他，看起來簡直就像一個惡作劇。

後漢的最後結局是曹操一統北方，劉備蟄居西蜀，孫權割據江東，形成三國鼎立的局面。這三人，都不是只會空談的儒生。依照一些歷史學家的看法，曹操、劉備是寒族，孫權雖然世宦江東，但只能算個武人，遠說不上是以治經起家的豪族。他們掌握的資源本來很少，卻都由弱變強。相比之下，儒生掌握的資源是何等巨大，成就又是何等渺小。這種所謂打江山坐江山的成就，在文明社會的人看來不值一提，但就史論史，也不能不承認三個割據軍閥不凡的才能。

當然，不可否定，曹操的成功，也是因為充分吸納了荀彧、崔琰等大族儒生的才智之故，但儒生們終究不能做到像曹操那樣獨當一面，這是不可否認的。

總之，從後漢、三國的歷史記載來看，像孔融這樣的知識分子，是過大於功的。正是他們的偏執和不寬容，直接激發了各種政治矛盾，像壓在駱駝身上的最後一根稻草那樣，壓垮了後漢王朝。當時代給他們機會時，他們又沒有一個人能收拾殘局，孔融乃是其中一個典型的悲劇人物。

最後需要一提的是，以純孝成名的孔融，怎麼會和禰衡說出那些「不孝」，甚至帶有現代意識的話，很值得注意。有人提到，封建士大夫的思想，不可拿「一家之言」來概括，在政治生活中標榜儒家，在私人生活中寄情於放佚的莊老，是很正常的。但我們認為這實際上就是一種人格分裂，孔融本質是個文人，他所喜歡結交的朋友也大多列在《後漢書．文苑列傳》中，他所受的儒家的道德教育，實際上和他的天性是不合拍的，種種因素鑄成了他的人格分裂。如果他活在今天，做個專職的評論家倒是不錯，可惜歷史把他放到了不合適的位置，於是他不但為別人帶來了巨大的悲劇，也為自己帶來了巨大的悲劇。大而化之，就是整個民族的悲劇。

雖日見淩，亦自作孽——烈火下的清漪園

一八六〇年十月十八日（清咸豐十年九月初六日），一個晴朗乾爽而充滿涼意的清晨，英國全權談判代表額爾金伯爵 (Earl of Elgin) 和英國軍隊司令格蘭特將軍 (Grant)，命令他麾下的英軍第一師連同第六十步槍營和第十五旁遮普營，總共三千五百名士兵，在約翰·米歇爾將軍 (John Michell) 的指揮下，舉著火把點燃了包括萬園之園的圓明園、萬壽山清漪園、玉泉山靜明園等在內的三山五園，霎時間，京城西北黑煙彌天。大部分以易燃雪松木構成的、雕梁畫棟的宮殿在烈火中熊熊燃燒，時間足足持續了三天三夜。富麗堂皇的萬壽山清漪園和昆明湖區建築群，就在這火光中緩緩倒塌，變成一片廢墟。而此時此刻，英、法聯軍的首領已經趾高氣揚地坐上八抬大轎，以炫耀武力的二千名士兵為隨從，和留在京城的以恭親王奕訢為首的王公大臣簽訂了《北京條約》。

那位蘇格蘭貴族，第八代額爾金伯爵是這樣解釋他之所以要發布燒毀園林的命令的。他說，火燒皇家的園林，是為了給清朝皇帝一個教訓，是想讓他明白，大英帝國的臣民不是想殺就能殺的，任何這樣做的人，都必須為此付出代價。而且，燒毀這些美輪美奐的園林，可以讓皇帝痛苦，可以讓他喪失驕奢淫逸享樂的天堂，卻和中國普通百姓無關，因為普通百姓連靠近那些園林的資格都沒有。

對額爾金的這一舉措，法國人首先表示了不理解。他們認為這是一項毫無意義的報復舉動，是對藝術品的野蠻破壞，所以他們首先聲明，他們的軍隊不打算參加。當時法國全權談判代表葛羅男爵（Gros）甚至為此向額爾金建議，如果英國的確想給中國皇帝一個教訓的話，與其燒毀他的園林，不如燒毀他在京城的正規住所——紫禁城。但是額爾金果斷地拒絕了，他有他的考慮。因為在這之前，也就是九月十八日，額爾金派出的先行使者巴夏禮（Parkes）等三十多人在通州和清朝怡親王載垣進行談判時，由於巴夏禮堅持要在士兵的護衛下親自向咸豐皇帝遞送國書，導致怡親王勃然大怒，命令蒙古親王僧格林沁的軍隊將巴夏禮等三十九人全部逮捕，押送進京，關在圓明園。在圓明園中，這些包括使者、記者、隨從在內的英國使團人員，遭到了獄卒們給予的非人折磨，他們被浸水的牛皮帶反綁住手腕，強迫跪在地下，整整三天不給予糧食和飲水，很快，他們雙手被皮帶所勒的部位開始腐爛，無數的蛆蟲在津津有味地吞噬他們的腐肉，疾病和脫水最後導致了二十個人死亡，剩下的人後來獲釋時，聽說另外有同胞被清軍抓獲斬首，還連連豔羡那些同胞死得太舒服了。

額爾金等人的在悲憤的情緒中舉行了掩埋死者的葬禮，看到自己麾下的使者和士兵死前遭受的如此痛苦，額爾金倍覺憤懣，而且感到無法向英王交代。他覺得自己必須要做點什麼作為發洩，在和格蘭特將軍商量之後，他做出了選擇，那就是燒毀圓明園和清漪園等皇家園林。為此，他還事先專門貼了一個告示，告示中說：

任何人，無論貴賤，皆需為其愚蠢欺詐行為受到懲戒，十八日（一八六〇年十月）將火燒圓明園，以此作為皇帝食言之懲戒，作為違反休戰協定之報復。與此無關人員皆不受此行動影響，唯清政府為其負責。

圓明園是皇帝享樂和辦公的地方。五十多年前，第一個來清朝進行外交訪問的馬戛爾尼伯爵（Earl Macartney）剛到北京，就被安排住在圓明園享受優渥待遇達五天之久。五十多年後，他的同胞卻要在這裡享受虱蟲、飢餓和死亡的折磨，這其中也許說不清誰對誰錯。自以為是天朝上國的清朝皇帝一向是好客的，當馬戛爾尼來京時，乾隆慷慨地給予使團每天價值一千五百兩紋銀的食宿招待，雖然馬戛爾尼懷疑他的使團無論怎麼吃，每天也吃不了一千五百兩銀子，但他至少也承認每天提供的食物的確非常精美。而世易時移，此刻的咸豐皇帝只肯給予巴夏禮等人飢餓加虱蟲的待遇，只能說明這兩個國家產生了誤會。這種誤會由於雙方已經不處在同一個時代，就像雙方的武器有著中世紀和近代的差別一樣，透過言語已經無法解釋清楚，只能透過一方以槍炮的強迫手段對另一方給予「啟蒙」。

煙波浩渺的清漪園昆明湖，曾是當年乾隆皇帝仿照漢武帝習練水軍之地，它險些成為八十歲的乾隆皇帝帶著馬戛爾尼伯爵盪舟遊覽的地方。當年馬戛爾尼還在奔赴北京的路途上，乾隆就下令疏濬昆明湖的湖底淤泥，以便這位遠方進貢的英吉利使臣能在碧波蕩漾的豪華龍舟上欣賞天朝上國的風物之美。這是多才多藝的大清皇帝自己親手指導建成的皇家園林，可惜因為馬戛爾尼堅決不肯對乾隆行三跪九叩的大禮，導致和這座人間仙境失之交臂。當然，馬戛爾尼就算知道了也不會遺憾，因為就像看不起清朝那些宛如戲臺上的士兵一樣，他對中國園林的美麗也有相當的輕蔑，曾經批評它「假山太多，金魚池太多，青銅陶瓷的龍虎太多，睡蓮太多」。五十多年後，手持火把的英軍士兵親眼讓昆明湖的碧波見證了萬壽山宮殿崩塌傾頹的悽慘。那巍峨高聳、金壁輝煌的大報恩延壽寺，那月殿雲階的瓊樓玉宇，被英人的一炬化為可憐的焦土，只剩下猶自淩煙的盤紆磴道，在灰土中見證著這一文明國家帶來的沒有褪盡的野蠻。

額爾金事先貼出的告示已經說明，這一燒毀園林的舉動和百姓無關，只是為了懲戒出爾反爾的清朝政府。應該說，他並不怎麼了解中國，卻仍猜中中國官府和百姓的關係。在遭受大火後，圓明園、清漪園內的各種物品也隨即遭到了當地中國土匪和百姓的重新洗劫，連清朝士大夫對此也毫不諱言。一生頑固守舊的湖南舉人王闓運在他的〈圓明園詞〉

自注裡說：「夷人入京，遂至園宮。見陳設巨麗，相戒弗入，云恐以失物索償也。乃夷人出，而貴族窮者倡率奸民，假夷為民，遂先縱火，夷人還而大掠也。」類似的說法還有兩三種，雖然與事實都不盡相符，但聯軍劫掠後的園子遭到周圍百姓的進一步劫掠，的確是不可否認的，在時人的日記中亦可見記載「園中逐日殺土匪廿餘人」。在專制政權下，皇帝享受的園子的確和普通百姓無關。在危難關頭，只有士大夫才有忠君就死的義務，和百姓的確是沒有關係的。

但是毀滅園林本身是否真的能消除額爾金的怨憤呢？事實上下這道命令的額爾金本人內心也有過矛盾，他在日記裡說：「對一個這樣的地方搶劫和蹂躪是夠壞的了，而更糟糕的是無謂的糟蹋和損壞。在那些價值一千萬鎊的財產中，我敢說連五萬鎊都賣不到。」英國軍隊司令格蘭特也在日記中這樣說：「目睹如許古舊而且偉大的離宮被毀，我不禁也戚戚然憂愁起來，並且感覺到這是一件不文明的行為。」但是他轉而又說：「為了給中國人一種將來的教訓，我認為這是必要的。」奉命點火的約翰·米歇爾將軍甚至拒絕在精美的延壽寺點火，他說：「我對那種魅力深感震撼，把它當作一件藝術品留了下來。」

法國軍隊司令蒙托邦(Montauban)對額爾金的決定很不以為然：「這是於一個文明民族不相宜的報復行為，因為它破壞了在數世紀期間受到尊重的那些令人讚賞的建築。」

也有英國人分析過額爾金的心理。因為額爾金的父親也就是第七代老額爾金伯爵是一位著名的文物收藏家，曾在一八一二年擔任駐鄂圖曼帝國大使時，把雅典坍塌的萬神殿上的雕刻剝落下來帶回英國，被他的同胞拜倫勳爵 (Lord Byron) 指責為「瘋狂的破壞分子」，因此學者比欽 (Beeching) 曾這樣分析：「他一生都在因為父親對藝術品的過度溺愛，並因此付出慘痛代價而感到痛苦，現在藝術品將首當其衝接受他的報復。」

在英國本土，幾乎沒有什麼人不贊同額爾金的行為。當然也有例外，在聽聞了額爾金焚毀園林之舉後，英國女王維多利亞 (Queen Victoria) 也驚呆了，她認為，這是一個過於激進的行為，是劇烈的破壞，甚至比反對私有制的太平天國的首領洪秀全更加激進。英國王子艾伯特 (Albert, Prince Consort) 也非常沮喪，擔心這場大火將使清朝皇帝蒙羞，降低他在中國的威望，導致朝廷垮臺，而為仇視私有財產的太平天國帶來好處。

這說明他們並不了解中國的政體，就像清朝士大夫不了解君主立憲的英國一樣。此刻，在熱河「巡狩」的咸豐皇帝的確在焦頭爛額，但區區幾所園林的被毀，對他來說並不是一件如喪考妣的大事。因為他深悉外來的蠻夷並沒有想占據他帝國的企圖，他更為關心是太平天國政權和捻軍的暴亂對他寶座的威脅，如果寶座還在，園林將來還可以再建。如果說對蠻夷們的確心懷叵測的話，這位躲在熱河的年輕皇帝更關心的其實是他的面子。不過這個面子和園林無關，而是和禮節有關。

在咸豐之前的兩個皇帝，乾隆和嘉慶都曾經企圖在英國使者面前享受作為天下共主的威嚴，但是先後在這兩個皇帝當政時來中國訪問的馬戛爾尼伯爵和阿美士德伯爵（Lord Amherst）都不肯躬行皇帝要求的三跪九叩大禮，因此惹得兩位皇帝大不高興。在那兩位英國貴族看來，這種三跪九叩的大禮實在過於不可思議，他們認為世界上任何宗教信徒對他們教主的恭敬也不能望其項背，如果他們這樣做，將有損作為獨立國家——英帝國的威嚴，因為英國並不是大清皇朝的屬國。當然，為了達成和大清皇朝通商的使命，馬戛爾尼據說還做了一點通融，最終在乾隆面前雙膝下跪。阿美士德卻因為他的毫不妥協當即遭到了嘉慶皇帝的驅逐。

即使在軍隊潰敗、京城被奪、園子被燒的情況下，躲在熱河的皇帝耿耿於懷的仍是自己可憐的面子問題。在《北京條約》簽訂之後，留在北京的王公大臣籲請他回鑾，卻遭到了他的拒絕，理由是「天寒」。其實他真正擔心的是回京之後將不可避免地面對英法公使，而如果那些「蠻夷」拒絕在自己面前躬行三跪九叩大禮，自己就丟了祖宗的臉面，還不如躲在熱河不見。另外一個憂慮是，他擔心「夷人」長駐京城，建起高樓後，用雙筒望遠鏡可以窺視他的皇宮。因此，在《天津條約》簽訂之前，他一度授命大學士桂良和兩江總督何桂清，問他們能否和額爾金商量廢除或者修改《天津條約》，大清政府寧願免去英法進口商品的全部關稅，希望能換取英法公使撤銷進駐北京的權利。這個想法連桂良和何桂清也覺得不可思議，上奏疏力諫，皇帝方才做罷。

圓明園的被毀在西方引起了轟動，以致法國文學大師雨果（Hugo）也寫文章譴責。但對清廷來說，並非驚天動地的大事。作為幾代皇帝花了一百五十年經營，皇帝常駐辦公的圓明園享受的待遇尚且如此，僅僅作為皇帝遊覽之地而從不駐蹕過夜的清漪園就更不值一提了，因為自始至終，它都不過是圓明園的附園。它的毀滅是一個悲劇，這個悲劇是它的主人帶來的，雖然外面的表現是一種凌辱，但這個主人未必自己也沒有責任。

歌曰：

玉泉如逸兮
西山若壁兮
湛湛昆明
簡我以士兮
曲廊如盤兮
隥道若懸兮
嶢嶢華閣
祈我以年兮

山有木
隰有荷
英人一炬
涕泗滂沱
隰有荷
山有木
英人一炬
可憐焦窟

說文・解字

說「黔首」

在古代有些稱呼老百姓的詞是很有趣的，比如「編戶齊民」。過去學歷史，知道有一本《齊民要術》，是北魏賈思勰寫的。我還稍稍有些歷史地理常識，知道「齊」是指今天的山東一帶，可是偶然想到，這賈思勰雖然是山東人，而特意寫一本指導家鄉人民發家致富的書，未免太自私了。後來才明白，這個「齊民」原來是「編戶齊民」中的「齊民」。編戶也就是古代的戶口制度，那時每個老百姓都要去官府登記，至於是否分「城鎮戶口」和「農村戶口」，我不知道。戶口簿上要寫「名數」，也就是姓名和年齡之類。這點可就重要了，要不然君王急著需要「炮灰」的時候，資料臨時找不齊全，就不方便。

西元前二六〇年，秦昭襄王聽說秦兵和趙卒在長平相持，後續兵力不足，立刻親自馳馬河東，大舉「料民」，也就是檢查當地政府的戶口簿，命令十五歲以上能扛得動兵器的人「悉詣長平」，實行人海戰術。最後，擊潰了趙國，坑殺四十萬降卒，致使趙國很長一段時間內兵源匱乏，從此一蹶不振，為秦國最後的統一打下了良好基礎，可見戶口簿的重要。「齊民」呢，古人是這樣解釋的：「齊，等也。無有貴賤，謂之齊民。若今言平民矣。」那時候，金字塔下的老百姓都是平等的，都是身分相同的納稅人。

但是除了「編戶齊民」之外，對老百姓的另一個稱呼也是很可愛的，那就是「黔首」，也叫「黎民」。不管是「黔」還是「黎」，都和「黑」的意思差不多。當然，我不是說我們的祖宗是尼格羅人種，臉龐是黑色的。我猜想是因為老百姓天天在外耕作，在烈日和土氣的蒸浴下，自然顯現出黑亮的健康膚色。這在當時的戶口簿上是有反映的，比如《居延漢簡》的很多簡文。我們這裡隨便摘取兩條作為例子：

東郡田卒清靈一里大夫聶德，年廿四，長七尺二寸，黑色。
河南郡河南縣北中里公乘史存，年卅二，長七尺二寸，黑色。

這兩個小子，照現在看都是河南人，後一個年齡大一些，所以資歷厚，爵位還不低，得到了平民類的最高爵位「公乘」，意思是夠享用公車待遇了。最滑稽的是，還注明「黑色」。因為當時戶口簿上有一欄是「色」，就是要求填寫膚色。這兩個傢伙明擺著是「黔首」，平時是上好的耕作工具，戰時是上好的「炮灰」。真是讓我們後人大開一回眼界。

遙想當年在課堂上讀〈陌上桑〉，讀到羅敷自吹自擂，說自己的丈夫「為人潔白皙，鬑鬑頗有鬚」的時候，哪裡知道隱藏有這麼豐富的背景呢？就像我們把家鄉稱作「桑梓」，書上解釋說是古人喜歡在家門口種這兩種樹，所以用來指代家鄉。可是當你知道古人同時認為，桑木和梓木是打造棺材的上好木材，才會發現這簡單的詞語中也蘊涵著那麼濃郁的文化色彩，生和死的準備早在這麼不經意中就都做好了。再如這詩裡，羅敷閉著眼睛誇自己丈夫「潔白皙」，那自然不在「黔首」之列，可是那調戲她的太守就這麼傻？一個不是「黔首」的老婆還需要自己親自採桑？當然那個時代，皇后親自採桑的也有，不過頂多是裝裝樣子，就像天子按照禮制也要「籍田」一樣。我要是那太守，就要向羅敷兩手一攤：「少廢話，拿戶口簿來看。」——那麼一切都真相大白了。

記得以前讀過一本什麼書，裡面提到治水的大禹也是「黑色」的，那當然是他東奔西跑的緣故。可笑的是孔子的弟子曾點，他的「點」（《說文》裡寫成「黵」）就是黑色的意思，可取表字卻硬要叫「皙」。唉！他是多麼希望當個小白臉，永遠逃出那「黔首」的行列啊！

說「辯」

「辯」是辯論的意思，這在現代是最普通的義項了。可是在古代，「辯」這個詞的內涵豐富得很。有關「辯」的最有名的一句話是孟子說的，因為別人異口同聲說他好辯，他急急忙忙地解釋說：「予豈好辯哉？予不得已也！」為什麼他這麼慌張呢？因為在那個時代，「好辯」可不是什麼褒義詞，誰都害怕扣到自己的頭上，一扣上，政治前途就完蛋了。古代人是質樸的，他們強調做實事，做有用的事，所謂「敏於行而訥於言」，誇誇其談是讓人不放心的。不像現在要當總統，一副好口才是最先決的條件之一。政治家也是如此，希特勒也罷，列寧也罷，柯林頓也罷，不靠言辭去打動人民，誰買你的帳？

孔子說：「友便佞，損矣。」這個「便」就是「辯」的通假字。「辯」和「佞」是同義詞，都是口才好的意思。孔子是非常討厭口才好的人的。說起來，我們的老祖先對一個人的口才好，心態有點矛盾，一方面覺得有口才的人腦子靈活，聰明，可以委以重任，比如當當外交官什麼的。所以連諸侯也自己謙稱「不佞」，也就是說自己頭腦欠聰明了。另一方面心裡忐忑不安，你想想，當一個人的嘴巴厲害到能把死的說成活的，該有多麼可怕啊！因為如果這個人當了卿大夫，憑他的口才，君主就要隨著他的意志轉了；如果是法官，這案子想怎麼斷都得由他，因為你說不過他，只是死路一條；如果是平民，說不定會成為一個騙子，把你家的鋤頭鐵鍬甚至煮飯的鍋都騙去土法煉鋼，不煉出一堆鋼渣誓不罷休。所以，一切奸臣，在忠臣們看來，都可以用「便佞」來概括。如果不是他們口才好，怎麼可能得到君王的寵幸；不得到君王的寵幸，君王怎麼會聽他們的，把自己逼得無路可走，只能抱著石頭跳河。

這種對有口才之人的警惕，就歸納為「黜讒佞之端，禁巧辯之說」。《史記．仲尼弟子列傳》裡提到：「子貢利口巧辭，孔子常黜其辯。」連孔子態度都如此，也就難怪孟子在被人扣上「好辯」的帽子時，要臉紅脖子粗地扯破喉嚨否認了。

這種風氣一直延續到漢代。所以當時的丞相、御史大夫這樣的高官，一般要用老成持重的，只會傻笑的，半天放不出一個屁的人來擔任。有一次漢文帝劉恆去參觀動物園，他問隨行官員，這個園子裡到底有多少珍稀動物，竟然沒有人答得上。還是一個小小的芝麻官「虎圈嗇夫」擠進來，如數家珍地一一告訴漢文帝，問什麼答什麼，「應對無窮」。漢文帝覺得這小子工作確實負責，心裡很高興，有點想提拔他的意思。這時候廷尉張釋之進諫道：「陛下竟然對這個嗇夫如此看重，僅僅因為他善於言辭，可見很容易被奸人蒙蔽。現在朝廷的絳侯、東陽侯言辭幾乎不怎麼出口，可是大家都認為他們有長者風範，是真正的國家棟梁。哪裡像此嗇夫口才辨給，喋喋利口，亂人心目。」這小子還又趁機扯到秦朝去了，說：「以前秦朝就是因為有巧辯奸人趙高，才弄得天下大亂的，如果您提拔這嗇夫，只怕天下人都不願踏踏實實工作，都企圖透過練習口才來獲取官職了。」結果是文帝只好稱「善」。因為那時的風氣，你一扯到秦朝滅亡，包括皇帝，誰也不敢有脾氣，那是漢初人心中永遠的痛，以前誰見過一個強大的王朝瞬間土崩瓦解的？

其實想一想就知道，上述故事完全是個悖論。張釋之說虎圈嗇夫口才好，有奸人之相，難道你張釋之就很厚道了？你不是這麼善於辯論，文帝這個聰明人哪裡又會被你說得團團轉？文帝自己也不是沒有本事的，他也是很好學的。他曾經說：「我好久沒有見到賈誼，以為自己的學問可以超過他了，誰知還是比不上。」雖然很沮喪，但至少透露出他一度是相當用功學習的，企圖超過一流學者賈誼的。再說了，你張釋之官當得很不小，曾一度位為廷尉，名列九卿，薪水可以買足兩千石的米。你又沒有軍功，而是以侍從之臣入仕的，完全憑那張嘴巴混飯吃，還好意思說別人！還有他稱道的厚道人絳侯和東陽侯，當年大才子賈誼就是吃了他們的讒毀，被貶到蠻荒之地長沙，還把身體氣壞了。說他們嘴巴不會說話，那怎麼說得文帝下定決心的？要知道，賈誼這傢伙可是文帝最佩服的人啊。好吧，就算絳侯、東陽侯不善言辭，可是仍能夠不聲不響讓別人吃虧，正所謂「咬人的狗不叫，會叫的狗不咬人」，是否「喋喋利口」，又有什麼重要呢？

可是古人好像是不理會這個邏輯問題的，反正你口才辨給就是不可靠。隔了幾十年，魏其侯竇嬰同樣因此跌了一跤，因為他跟皇帝的祖母竇太后有親戚關係，竇太后向皇帝建議，讓竇嬰當宰相。皇帝說：「奶奶啊，妳不要以為臣吝嗇，捨不得讓他當，主要是他善於言辭，口齒輕薄，不老成持重，當丞相不合適啊。」是啊，一個人辯論能力好，你確實可以認為他很輕薄，因為人腦子靈活，嘴巴又俐落，不免會想表現，而結果如此，只能說他們生非其世了。

最好笑的是，雖然孔子討厭佞人，孟軻堅拒「好辯」的帽子，但說到底他們都是不折不扣的雄辯家。這世上的大教育家和政治家，幾乎很少有不是雄辯家的，如果承認他們是這些「家」，就不能否認他們具有「佞才」。事實上，在《莊子》的文章中，孔子正是以可笑的佞人面目頻繁出現的，可是莊子自己呢？他是不是善「辯」的佞人呢？

人常常是見毫毛而不見其睫的，信然。

說「鬼」

鬼這種東西現代科學也不能完全講清楚，原始人大概都會認為，人死亡後，靈魂會離開屍體而去，這種靈魂就叫「鬼」了。

在我們現在看來，神和鬼是相反的概念，是有著崇高和卑陋之分的。可是中國的古人未必這樣認為，他們把天神叫「神」，人神叫「鬼」，可見神和鬼並沒有天壤之別。周代人就相信他們偉大的祖先，是在天上侍奉上帝的，這從青銅器上的銘文可以知道。

可是要說「鬼」有多崇高，也不盡然。看甲骨文就知道，鬼字的下部為人形，而上部表示頭的部分卻畫得很碩大，大概是想說明鬼的面目十分醜惡的緣故，可見鬼之形也著實是有些恐怖的。而且，從古至今，有很多人在病重時聲稱看見了鬼，祂們拿著錘子和繩索守在身前，並說自身的病痛是因為鬼用木棒擊打自己的緣故。我記得我的祖母當年生病，彌留之際老說胡話。問她看見了什麼，她說看見有兩人拿著繩索追她。祖父很著急地說，追到了沒有。祖母說，追到了，還把我縻住了。「縻」是我們那裡的方言，就是綁的意思。這時，祖父平淡地安慰道，不要胡思亂想，沒有鬼這種東西，你很快會好的。然而，我卻看到他霎時間面容慘淡，顯出一幅絕望的神情。

鬼來縛人，這說法乃是自古相傳的。東漢的王充在《論衡·訂鬼》裡就說，所謂病人看見鬼拿著錘子和繩索守在床前，並說自身的病痛是因為鬼用木棒擊打自己的緣故，這實在只是病人病得糊塗後產生的幻象。然而，他自己又說：「鬼，陽氣也，時藏時見。陽氣赤，故世人盡見鬼，其色純朱。」這到底是對鬼之有無的肯定還是否定呢？

我讀了《論衡》，對王充是不太佩服的，以為他的東西或者很矛盾，或者很淺顯。不知章太炎為什麼對他那般看重，竟推崇到「漢得此一人焉，足以振恥」。至少看他談鬼，腦子是不怎麼清醒的。

不過也許是因為他的說法終究很有影響的緣故吧，所以鬼色赤已成了民間的普遍觀念。記得魯迅先生在〈女吊〉一文中，曾提到紹興戲臺上有一個吊死的女鬼，其出場時就是身上披著紅衫。因為這種有怨氣的鬼，死了之後一定是要重回人世找替代者，或者向仇家報復不可的。而紅色近陽，易於和生人接近。有趣的是，香港拍了很多鬼片，其中就有某些含憤自殺的人臨死之前套上一件紅衫，冀圖變為厲鬼向仇家索命的情節。可見，傳統的鬼觀念有多麼根深蒂固！而王充用什麼辦法去辭掉他身上的咎責呢？

當然，王充只是幫鬼做了一件豔麗的衣衫而已，鬼也不是他造出來的，他應當無罪釋放。畢竟我們在更早的文獻中，就經常看到鬼了。那裡面讓人膽顫心驚的鬼多是「兵死鬼」。出土的《包山楚簡》，墓主人在病重之際，屢次占卜，問是否有「兵死者」在作祟害他。《九店楚簡》裡，有一則簡文也很有意思，寫的是一個病人透過巫祝向鬼求情放過他。按照李家浩先生的譯文，是這樣的：

巫祝謹告（此處有缺漏字）之子武夷：你居住在復山之下，不周山之野。帝說你沒有事做，命令你管理兵死鬼。（某人受兵死鬼之害，生病不能飲食）今天某人想要飲食，某人冒昧地把他的妻子嫁給你，用聶幣芳糧陳說某人的情況於武夷之所：你今夜享受某人的聶幣芳糧之後，誠懇地希望你能使某人之魂歸來，飲食如故。

可見在戰場上死亡的鬼才是最可畏懼的。這樣一來，讓我重讀《楚辭》的〈國殤〉篇時，常有一種難言的感覺，本來是一首向為國捐軀的戰士致敬的頌歌兼輓歌，突然在我腦中變了味道，成為祈禱兵死者不要危害自己的祝辭了。這是多麼可笑？多麼庸俗？多麼奇怪？

我曾經納悶為什麼古人認為「兵死者」的鬼才能作祟人間，其他的鬼不可以嗎？後來讀《淮南子》，才覺得似乎找到了一種答案。在〈俶真訓〉篇裡說：「是故形傷於寒暑燥溼之虐者，形苑而神壯；神傷乎喜怒思慮之患者，神盡而形有餘。故罷馬之死也，剝之若槁；狡狗之死也，割之猶濡。是故傷死者其鬼嬈，時既者其神漠。是皆不得形神俱沒也。」兵死者一般是年輕的男子，他們雖然形弊，神卻遠遠沒有耗盡，那心裡自然是不甘心，魂魄也不肯安寧的，自然要時時來人間展示一下他們的存在了。

因此，壽終天年的鬼是不會為祟的。鬼作為一種迷信，絕不僅僅是醜惡而讓人有恐懼感存在，實際上還包含著很深厚的倫理觀念。自己死去的祖先，雖然也都相信他們變成了鬼，但他們會在暗中保護著自己。人們經常要對祖先進行祭祀，而且形成了習俗，祭祀的時間都很固定，每年春天的清明節就是專門的民間祭鬼之時，而鬼在典籍中也就具有了祖先的意義。

《論語．為政》上說：「非其鬼而祭之，諂也。」鄭玄的注釋說：「人神曰鬼，非其祖考而祭之者，是諂求福。」可見鬼就是祖先，在傳統中的意義是很崇高的。而且人們認為，鬼也是要吃要喝的，因此要時時用酒肉來祭祀祂們。春秋時期，楚國的王族若敖氏仗著自己家族功高位崇，多行不法。有識之士都評論說，這樣下去，這個家族恐怕要遭滅門之禍了——「若敖氏之鬼不其餒爾！」也就是說，若敖家的祖先因為子孫滅絕，無人祭祀，將要餓死了。

儘管人們認為祖先也要變鬼，但因為陰陽兩隔，畢竟不希望和鬼發生接觸。有時不得不請法師來驅除屋裡的鬼神，以致驅鬼成為了一種專門的職業。這種職業很早就出現在國王身邊，並載入《周禮》等國家典冊。

甲骨文中的「鬼」字還在左邊加個「示」字旁，從這種寫法的「鬼」字來看，鬼確是和祭祀是聯繫在一起的。有趣的是，學者指出，鬼在古代和「饋送」的「饋」讀音相近，從語源學的觀點來看，鬼和祭祀有關的觀點也是可靠的，因為祭祀也就是饋送給祖先食物。

一個「鬼」字裡面含有的文化意義實在太多了。難怪陳寅恪先生在為沈兼士先生談鬼的論文作序時說，一個字就是一部文化史，只有沈兼士先生能做到了。可惜沈兼士先生的文章多言及深奧的訓詁，一般人沒有興趣去啃它，且年代久遠，我也因此只寫這點，作為餘緒。

說「侵」——什麼是經學

我這個題目可能取得太大了，衛道君子們看到，一定會譏嘲，或者破口大罵：你一篇短短的專欄文，就想解決如此關涉國計民生的重大問題，也太無恥了吧？

這種批評我完全接受，但總要有些「無恥的人」為這個單調的世界添加色彩，否則人生就太單調了。只要大家喜歡，我願意貢獻我的「無恥」，就這麼簡單。

下面進入正題。

什麼是經學？我是從春秋時代的一場戰爭中悟到的。孟子他老人家說：「春秋無義戰。」雖然並不精確，但基本還算可靠。當然，經學家一般不會答應，他們會細細分析每場戰爭的性質，於是就創造出了一些帶有褒貶意思的詞，是為「春秋筆法」。

「侵」、「伐」二字是經書談戰爭的常用詞。查查《說文》：「漸進也。从人、又持帚，若埽之進。」、「伐，擊也。从人持戈。一日敗也。」許慎把「侵」解釋為「漸進」，既不通俗，也不準確。其實從古文字來看，「侵」的字形象手持笤帚，辛勤灑掃；「伐」的字形則是用戈砍掉人頭。很顯然，後者很暴力，前者很文明。但現在的人多半會認為前者更暴力。因為一提起「侵略」，義憤填膺這個成語就會立刻在我們腦中浮現，是吧？

而這樣南轅北轍的兩個詞，不知怎麼，就被古人放在一起看了。而且讓它們有了一定的分工。在《周禮》這部書中寫到：如果有個國君「賊賢害民」，那就應當「伐」他；如果他竟怙惡不悛，那就應該「侵」他。也就是說，侵伐是征討有罪國君的專用褒義詞。

孔子是魯國人，他在修《春秋》的時候，對這兩個詞用得是很謹慎的。如果他國來攻打魯國，而他覺得魯國無罪，就不寫「某國來侵我伐我」，而寫「某國來戰」。意思是那些傢伙跑到我們門口來跟我打仗，毫無來由，豈有此理。為了幫助理解，下面舉兩個典型的例子：

西元前七〇二年，也就是魯桓公十年，齊國、衛國和鄭國聯合出兵，攻打魯國。這件事是鄭國挑起來的，四年前，北戎攻打齊國，齊國向諸侯國求救，鄭莊公的太子忽率兵擊戎，捍衛了齊國的主權。之後齊國犒賞所有來救的諸侯，認為魯國人文盲率最低，是禮儀之邦，就請魯國排定諸侯們受犒勞的秩序。魯國人竟把功勞最大的鄭國排在末尾。這件事放了四年，鄭國還沒嚥下這口氣，就糾集了齊、衛來打魯國，要魯國為四年前的事賠禮道歉。可是魯國人覺得自己很冤枉：按照規矩，排位次一向都是按爵位高低來的，功勞再大也不加分。你鄭國爵位低，只是個「伯爵」，在杞國、許國這種爵位更低的「子爵」、「男爵」沒有參加的情況下，你當然只能坐最後一把交椅了，還有臉討伐我？所以孔子飽蘸濃墨，義憤填膺地寫下「齊侯、衛侯、鄭伯來戰」，揭穿了聯軍的畫皮。

西元前六八四年，也就是魯莊公十年，齊國發兵攻打魯國，發起人是赫赫有名的齊桓公。他的理由是：去年我和哥哥公子糾爭君位，你魯國竟然發兵護送公子糾回國奪權，還好我腿腳俐落，早一步趕回國，變成了齊桓公，這才能立刻發兵擊退魯國軍隊，殺死公子糾，維護國家主權和領土完整。這件事我雖然占了便宜，但帳不能這麼算，你還欠我一個道歉。

於是在第二年，齊桓公再次發兵，要找魯國討個說法。在齊桓公的字典裡，這種行為理直氣壯，叫「侵」或者「伐」。

魯國則覺得很委屈：當初護送公子糾回國，是你們齊國看守政府邀請的。你公子小白腿腳快，搶先得了君位，還把我們扁了一頓，本來就很過分。你竟然還不依不饒，不就是仗著你齊國個子大，疆域廣嗎？我豈能向邪惡低頭？

於是魯國發兵抵抗，在謀臣曹劌的幫助下，魯軍在長勺一鼓作氣大敗齊軍。這就是有名的〈曹劌論戰〉。

齊桓公沒討到說法，還吃了敗仗，越想越不對，這一年末，他又糾集宋國再次來找魯國討說法。這回就不能叫齊軍了，應該叫聯軍。他找宋國當幫手，並不是因為自家國弱，力不從心，而是想告訴魯國：我是得道多助的，你是失道寡助的。不是我齊國來討伐你，討伐你的是以我齊國為首的「多國部隊」，面對正義之師，你還是儘早割地賠款為妙。

誰知這次魯國也不多說，突出奇兵，先發制人，以銳卒先行攻擊弱勢的宋國軍隊，在乘丘將其全殲。齊國軍隊大驚，只好快快逃走。魯軍開心地凱旋，向太廟獻捷。如果那時有大學考試，魯國的孩子參加考試，時事選擇題必有一道是這麼出的：

我公十年，齊師、宋師＿＿＿＿。

A：來伐　B：來侵

C：來戰　D：以上答案都不對

標準答案：C

作為一個半文盲，我對經學的理解，就來自這道選擇題。原來它一點都不神祕，在此請容我概括一下：所謂經學，就是一門研究怎麼搶奪話語權的學問。

古人的訪友

說起古人的訪友，大家可能會想到《世說新語・任誕》裡那則故事，說是王子猷住在浙江紹興，有天晚上下雪，他半夜醒來，推開窗一看，天哪，這是人間嗎？到處銀裝素裹，宛若仙境啊。他當即爬起來，命令擺酒，要對酒賞雪。他是豪門大族的公子，廚房有的是備料，廚師二十四小時服務，辦這個不難。他吃一回酒，就站起來徬徨一回，賞一回雪。突然感覺一個人賞雪有點不對勁，奴僕多是多，可都沒什麼文采，心靈粗糙，談不來，於是下令：「走，我要去看望好朋友戴逵。」

那戴逵住在剡縣，離紹興怎麼也有幾十里水路。不過這難不倒王子猷，他有的是錢，除了車，船也是私人的。僕人把船夫從被窩裡叫起來，船夫雖然不大樂意，可沒辦法，吃人家的喝人家的，就得聽人家使喚，只能打著呵欠去划船。路不近，一路上開足馬力，也划了一晚上，到剡縣的時候，東方已經露出了魚肚白。僕人想，好歹能歇歇了。正要把船靠岸，王子猷突然叫：「停，掉頭，我要回去。」

「公子，好不容易才到，怎麼就回去？」船夫摸不著頭腦。

王子猷不屑地說：「你懂什麼，叫你回你就回，瞎喊什麼。」

船長不敢說什麼，依舊打著呵欠掉頭，心裡面把王子猷罵了個百轉千迴。到家後，家人問王子猷：「你瞎忙什麼呀？到了人家戴逵家門口了，又不進去。」王子猷哈哈大笑：「唉，俗人真不可與語。我本來是乘興而行，興盡而返，何必硬要去見他老戴。」

許多人都從這故事中看出了魏晉風度，很瀟脫，很放誕。我只想，這傢伙真奢侈，換了別人，要出這趟遠門該多難啊。沒車沒船，只能憑兩隻腳走路。這倒也罷了，臨行前，只怕還得去官府辦個通行證。要知道古代戶籍制度很嚴格，沒有通行證隨便走動是不行的。辦好了通行證還不夠，還得準備路上的乾糧。因為那時旅店很少，有也很貴，普通人根本消費不起。大多人都得事先蒸好饅頭在路上啃，或者帶上米，碰到驛站，懇求管事的把灶借給自己用用，自炊自食。當然，國家公務員例外，住驛站有官方供應食物，按照官職大小，規格不等。而像王子猷這種人，這些都不用操心，有自己的遊艇、車隊、奴僕、保鏢、廚師、司機，都一應俱全，才能做到雪夜訪戴，留下千古佳話。

所以說，在古代，除了有錢人，異地訪友是一種極其奢侈的行為，我們別只看到風雅。小時候每當我路過平交道，看著火車呼嘯而過，就心潮起伏，不能自已，想像千里之外的世界該是何等的精彩。但我的父母都是窮人，從來都沒出過家鄉，遑論我。坐火車在那時，實在不是窮人能享受的事。

那麼古代普通人到底會不會訪友呢？多半不會。因為真正的窮鬼也不可能有什麼外地朋友，交那麼遠的朋友，他憑什麼？每天一睜開眼，他就得去土裡刨食，碰上節假日，也不過在本地市集上轉轉，玩玩鬥雞。如果不被官府徵發去服徭役兵役，畢生不會走出他所住的那條街，外地誰會認識他？當然，服徭役兵役的時候，或許會認識一些「戰友」，但那時的「戰友」和現在不一樣，基本沒有去軍校進修的機會，也不分配工作。期限一結束，大家作鳥獸散，這輩子也不大可能來往了，怎麼可能日後還千里奔波互相拜訪呢？就算有這種可能，比例也不會太高。

總之，千里訪友，這麼浪漫的事情，在平民百姓，只可能發生在兩類人身上，一種是讀書人，一種是流氓。

讀書人和流氓，貌似毫不相關，實際上卻有不少共同之處。也就是，他們都需要朋友來廣為傳揚自己的身價。農民沒有人吹捧自己，是沒有關係的，因為他可以自己種了糧食自己吃，用不著求別人。流氓和讀書人就不行，他們都是不勞而獲的，至少從不耕作，不能自給自足。那靠什麼生存呢？就得靠互相吹捧，顯得世界少不了他們。漢高祖劉邦年輕時就曾不遠千里，跑到魏國的大梁去投靠信陵君的門客張耳，後來他能當上派出所所長，跟朋友們的吹捧不是沒關係的。淮陰侯韓信總厲害吧？可就是因為「家貧無行，不得推擇為吏」，差點餓死了。他去投靠朋友寄食，結果遭到了羞辱；投靠項羽，很久都沒有起色；轉而投靠劉邦，官沒混多大，還差點因罪被斬。要不是碰到蕭何，他這輩子算完了。這就是不會交朋友的典型，若非碰上亂世，他不會有出頭之日，所以天下一定，他就完蛋了。

不過流氓間除了互相吹捧之外，還需要一點武力。文人只有一支筆，沒有武力保駕，這支筆的價值很脆弱。所以，靠朋友吹捧尤其重要，所以時不時要去訪一下友。這其中比較有名的是個叫范式的人。

范式是山東金鄉人，曾經在首都洛陽唸過書，認識了一個河南朋友叫張劭的。畢業後，兩人都回鄉工作。范式對張劭說：「兩年後我還回京城來進修，到時順便去你家去拜訪，見見伯母。」那時候成為金石之交，光是兩人情投意合還不夠，最好是升堂拜母，再見見對方的妻子，這才算禮成。張劭當然很高興，到了拜訪的那一天，一早就叫母親：「趕快殺雞，我同學要來做客了。」張母不信：「瞎說，兩年前的約定，相距千里之遙，怎麼就能肯定今天到？」張劭說：「他一向說話算話，絕對不會延期。」張母被吵得沒辦法，只好殺雞，又取了點存款買肉沽酒。酒菜才做好，門外果然有小孩叫：「張家母，你家來客人了，聽口音，好像是山東人。」

這件事之所以會被不厭其煩地載入史冊，當成「信用」的代表，乃是因為古代交通實在太不方便，出趟遠門訪親拜友，非得下極大的決心不可。約定了期限，如果能按時到達，那於主客雙方，都是有極大面子的事情。三國時有一個叫卓恕的會稽人，曾經跟當時官為吳國太傅的諸葛恪約定，某日到諸葛恪在建業的府第拜訪。到了約定的那天，諸葛恪大排筵宴，召集賓客等候卓恕。賓客都覺得好笑，說會稽、建業相隔千餘里，怎麼可能準時到。話音剛落，卓恕果然從門口跑進來，氣喘吁吁地說：「請問，這裡是不是太傅諸葛恪家，我沒有走錯吧？」於是賓客大驚失色，說：「你真準時。」

想想確實悲傷，古人去訪友，兩條腿大步快走，也不過一小時十里。乾糧裝在包裹裡，不管怎麼小心防腐，時間一久，肯定會餿掉，但又不能不吃。餿的東西雖說不健康，總還能提供點熱量，我小時候就吃過不少，在爸爸的威逼下。只是我若吃得拉了肚子，有藥品幫忙；在旅途中跋涉的古代人，能有什麼藥啊？一不小心就死在路上了。所以我早年看「三言」的時候覺得很奇怪，裡面出現的某個人物，我一直以為是主角，誰知到了下一段，作者馮夢龍卻很不負責任地告訴我們，他「偶感傷寒」，死在了路上。這算怎麼回事？但我們也不好責怪老馮，因為古代的旅途確實不易。就算到了目的地，也難免「偶感風寒」，一命嗚呼的。前面我們提到的范式，就曾親自護送一個死在外地的同學回湖南老家。

不過，在古代訪友雖然代價很大，不是萬不得已，一般人不會這麼做，但也有樂趣存焉。因為見一面不容易，一旦見著，那欣喜是我們現在不可想像的。所以古人把「他鄉遇故知」和「洞房花燭夜」相提並論，現代人不了解那時交通的艱難，肯定會覺得很誇張，怎麼可能？不就是拜訪個朋友嗎，怎麼能和洞房花燭夜相比？但事實就是這樣，生活在古代，絕不像武俠片和穿越劇裡那麼浪漫，真的。

古代罵人的話

中國罵人的話在史書上記載是很少的。上古，最有名的是「豎子」，比如在鴻門宴上，范增絞盡腦汁勸死要面子的項羽宰了劉邦，可是得不到採納。聰明的人碰到傻瓜卻怎麼也說不通，換誰都會氣得吐血，只有眼睜睜地看著一個自以為是的西楚霸王兵敗身屠，走向滅亡了。然而，氣憤之餘，他罵出的只有這麼一句：「唉！豎子不足與謀，你們這些人將來都要被他（劉邦）俘虜的。」老頭子最後只好告老還鄉，但是肚子裡那掛忠心耿耿的腸子還在像車輪一樣轉，走到彭城（今徐州）的時候終於內熱攻心，背疽發作死了。唉，真可惜，要是他能在一時間對著項王扔出一千個「智障」的頭銜，我想他不會氣得這麼厲害。和「智障」相比，「豎子」兩個字太溫文爾雅了。

好在中國罵人的文化逐漸有了進步。司馬懿要除掉曹爽，趁著曹爽和皇帝去拜謁祖墳的時候，脅迫太后下詔褫奪曹爽的兵權。曹爽手下有個謀臣叫桓範，號稱「智囊」，冒著性命危險逃出來送信給曹爽。他知道司馬懿不會僅僅褫奪曹爽的官職了事，勸曹爽帶著皇帝出走，借皇帝的名義徵天下兵，反擊司馬懿。可是曹爽竟然不聽，信了司馬懿的鬼話，以為離開就可以安穩過生活，繼續享樂。結果全家上千口人都被砍了腦袋。桓範作為附逆，自然也是逃不脫的，他在曹爽接受司馬懿的招降時就知道自己全家老小也賠進去了，可是有什麼辦法呢？只能捶胸頓足地大罵曹爽的爹曹真，竟然生出這樣一個「蠢如豬狗」的傢伙。這就比「豎子」要罵得凶了。豎子再怎麼「豎」，好歹還是人類，比豬狗的進化要高等得多。

我以前是不知道什麼叫「豎子」的，過去課文上的解釋也糊里糊塗。按照《說文》的解釋，「豎」也不過是「直立」。這看得出來什麼貶義呢？後來學了一點音韻學，才明白，原來「豎」的讀音和「短」很近，也和「孺」很近，甚至說和「童」音近都未嘗不可。所謂豎子也就是「孺子」，那就是黃口小兒的意思。和我們今天說「小子」差不多，但是又有不同，以前的「豎子」是不管你年紀多大，只要他覺得你是傻瓜呆子，就可以這樣叫，現在我們即使發現一個老頭子很傻，也不好意思叫他「小子」，至少在前面加上一個「老」字，喚作「老小子」，才會覺得名實相符，鬆了那口氣。

歷史上最有名的「豎子」大概是劉邦，雖然他在世時罵了無數人是「豎子」，可是他死後四百多年，也被阮籍贈送了這頂帽子。那個輕薄之徒在遊山玩水時，屹立於楚漢相爭的戰場大發感慨：「唉！時無英雄，使豎子成名。」好像覺得他生活在秦末，就可以奮四尺劍斬下劉邦的頭，裝修一下當尿壺似的。秀才造反，十年不成。這麼一個平日裡只會哭啼啼的傢伙，也好意思嘲笑劉邦，有可能是吃錯了藥——五石散配方不當，出了問題。

但是劉邦罵人，一般是罵「豎儒」的時候多，罵「豎子」的時候少。「儒」前面加個形容詞「豎」，確實很侮辱人，太侮辱了。可是「儒」原來又是什麼東西呢？《說文》說「儒」是有才能的人，只要是有才能，就可以叫做儒，跟專門的稱呼「儒家」是不一樣的，這也讓我好一陣子不能理解。因為「儒」這個字，怎麼看怎麼像懦弱的「懦」，憑什麼說它有才能？何況「儒」的讀音和「豎」的讀音在上古是差不多的。所以想起劉邦在酈食其的帽子裡撒尿時說的那句話就好笑，他舒暢地說：「老子馬背上打來的天下，豎儒對我有什麼用？」因為「豎儒」這個詞聽起來像個聯綿詞，像今天叫「螔蝓」差不多。古人說「儒之言柔也」，北方少數民族「柔然」又被稱為「蠕蠕」。我可不是虛張聲勢，那個章太炎甚至認為「豎儒」就是「侏儒」的轉音呢。

和「豎儒」輪換用的詞還有「腐儒」和「陋儒」，其中修飾詞「豎」、「腐」和「陋」在上古的時候韻母是一樣的，聲母可能也很近，所以在一定時候他們的讀音是相近的，而讀音相近的詞，一般來說意思有不少又是相近的。所以劉邦罵手下的儒生為「腐儒」，其實和「豎儒」的意思一樣，都是指短淺的小子。可是唐代人已經不明白「腐儒」的「腐」是什麼意思了，還以為是「腐敗」的意思，為《史記》作注的司馬貞就說「謂之腐儒者，言如腐敗之物不可任用」。這句話一說，證明他自己可真是個土人兼腐儒啊。

古人的飯量

小時候看電影，常常會感到驚訝，怎麼桌上擺了一大盤蘋果，主角們竟只顧講話，對蘋果一眼也不瞧。當然現在不同了，每經過花花綠綠的水果攤時，我心裡也能不起一絲波瀾。

那個時候，我偶爾會去外婆家蹭飯，雖然明知道討人厭，然而為了口腹之欲，也顧不得什麼廉恥。討厭的是，隨著年歲增加，骨氣充盈，漸漸的不好意思再去。只有到年節時，才堂而皇之地去大吃一頓。外婆也算不得富家，可是畢竟米飯是晶瑩剔透的米煮成的，不像自家一碗陳糙米，半碗米蟲，弄得我從不敢用開水泡飯，否則水面會浮上一層蟲屍，讓人噁心。更何況外婆家還有肉吃，因此母親也每每長嘆：「在外婆家吃飯，飯量要小很多，因為油膩。」我則應道：「早知道，妳真不該嫁人，至少不該嫁這人。」說著我指著父親，於是他的臉上浮起一絲羞愧。

這無疑是鮮明的對比。從小我就能吃三碗飯，那時的碗是現在的兩個有餘，但現在我的飯量只有那時的四分之一。這倒不是司馬懿說諸葛亮的什麼「食少而事繁，豈能久乎」。我深信自己能活很長，何況我事也不繁。僅是因為菜的品質和那時的不一樣，雖然我如今仍在吃學餐，但隔三差五會和同學去餐廳吃飯，一般的大魚大肉早已沒有胃口。很顯然，是生活品質提高了。照我家鄉的話來說，可以「作命」了。

有一天，我酒足飯飽之餘，隨手拿起《睡虎地秦簡》翻了翻，突然來了興致，想要計算一下當時人的飯量有多大。於是，我把〈倉律〉中的幾條簡文數據計算了一番，得出了不可思議的結果。現在就挑出這幾條簡文，照抄如下：

> 城旦之垣及它事而勞與垣等者，旦半夕參；其守署及為它事者，參食之……城旦舂、舂司寇、白粲操土功，參食之，不操土功，以律食之。
>
> 免隸臣妾、隸臣妾及為它事而與垣等者，食男子旦半夕參，女子參。
>
> 食餓囚，日少半斗。

其他的數據，〈傳食律〉裡還有一些，我就不抄了。總之按照現代的量器換算一下，上面三條簡文可以這樣概括：城旦這種做築牆等重體力工作的囚犯，或者雖然不是城旦但勞動強度和築牆差不多的囚犯，伙食標準是早飯七百五十公克，晚飯五百公克；站崗的及從事輕體力勞動的囚犯，早飯晚飯都是五百公克；城旦舂、舂司寇等這類囚犯，早晚飯都是半公斤；免隸臣妾和隸臣妾這種囚犯如果勞動強度和築牆差不多，男子可以早飯七百五十公克，晚飯五百公克，女子早晚飯都是五百公克。如果是用飢餓作為懲罰的囚犯，每天總共只能吃五百公克。

我想一九八〇年代以後出生的孩子們見了這些數據都會舌撟不下——每餐吃七百五十公克或者五百公克飯。而且請注意，我的換算是按照每升七百五十公克來的，比較保守，有的學者認為每升應該是九百公克。哪能吃這麼多？但是這有青竹黑字寫得明明白白，不能作假。囚犯是不能多發糧食給他的，照理說政府也不可能把他們餵得太飽，保證能有工作的力氣就行。而且七百五十公克還不是他們的最大飯量！太可怕了。

再說挨餓的囚犯，每天竟有五百公克的定額，那算什麼挨餓啊？我上大學那時候，每個月大概就吃十五公斤，而且每天還吃三餐，折算一下，每餐差不多不超過一百七十公克，僅僅相當於秦朝挨餓的囚犯標準。

不過你得知道，人家僅僅是吃飯，很少有肉食的。連皇帝派遣出差的人，也只規定米飯、醬、菜、鹽，沒有寫肉這種奢侈品。想四菜一湯，完全是做夢。當然也不是完全沒有肉食，《居延漢簡》裡倒是經常看見「出雞一雙」。可是看那些配吃雞的，基本上是百石卒史這樣的官，有的還是千石的丞相長史。可見，一般人是沒這口福的。

囚犯的日子是這樣過，那麼普通人呢。我翻漢簡，了解了一下當時戍衛西北的邊防軍及其家屬是怎麼吃飯的，原來也分三六九等，成年男子一般每天吃一千兩百公克，女子吃九百公克，小孩子則是六百公克。這可能和囚犯不一樣，但吃不完還藏起來的現象大概也不多見，因為邊防軍們的日子也過得很緊縮，基本沒肉吃。實在饞不過了，他們會典當幾件破衣服，湊點錢去買些豬狗的下水打打牙祭。當然，政府有時也很人道，家屬不隨軍的士卒，有老婆來探親的，政府提供暫時的居住場所，回家時帶點吃的喝的，政府是允許的，也是默認的。但是每天吃飯節省太多口糧，是不大可能的。漢簡裡甚至還提到，有些燧長的口糧比燧卒的口糧還少，看來他不夠吃。當時有很多燧長被免職，可能他經常自己倒貼，把自己吃窮了，弄得不夠資產當官了。

在秦國的〈傳食律〉裡，講到爵位高的人出差，沿途官方招待所要每天提供一千五百公克的稗米飯給他，地位低的提供一千五百公克的糲米飯，再低一些的就只有七百五十公克至五百公克的稗米飯或者糲米飯供應了。總之一切都看等級，一千五百公克飯標準的出差者，不一定會「吃不了兜著走」，至於陪同出差的為什麼只提供七百五十公克的飯吃，那跟飯量可能沒關係。當然大家可以提問，難道隨從就不累嗎，就不用消耗能量嗎？是的，我承認，隨從會更累。除了上廁所和豔遇，上司總不能事事親自做，都得隨從鞍前馬後地跑。但是不可避免，他得半飢半飽地跑。

我這樣推測似乎不近人情，但還算能自圓其說，是不是？畢竟出趟差，回家時就帶著幾袋吃不完的稻米，似乎有點太難看。在漢代以前的楚國，楚王對出差的人每天的食量是六百七十五公克。但是對煮鹽這種體力消耗大的人，每天發一千三百五十公克。可見口糧的發放不單純看地位高低，還是要看勞動強度大小的。

這篇文章就是我一時的興致得來的感慨。雖然能使我感嘆古人缺乏油水之苦，但想起秦漢時代的人每頓吃七百五十公克，我還是有點打飽嗝。那麼就到這裡吧，休息一下。

古今中外說戶口

以前讀古書，對國君們的愛惜人口深有印象。比如梁惠王就對孟子說，他治理這個國家可是費了很多心血的，倘若不巧趕上饑荒，簡直是食不甘味、寢不安席，「河內凶則移其民於河東，移其粟於河內，河東凶亦然」，可是到頭來「鄰國之民不加少，寡人之民不加多」。他是很希望自己國家的人口膨脹一下的，可是目標總渺茫，令他很鬱悶。越王勾踐在吃了敗仗之後，也不示弱，命令國內的女孩到了十七歲一定要嫁人，生孩子，尤其是生男孩重重有賞，不嫁則沒有好果子吃，其父母有罪，罰做苦役。

這時我多少有點明白了，他們的愛惜人口是因為要驅趕人們去為他們賣命。可是和平時代怎麼樣呢？卻也一樣，男子到了十五歲要「傅籍」，名字要到官府登記在冊，因為徵發勞力時，這「戶口簿」用得上。如果敢不登記，發現了也沒有好果子吃，要髡鉗為奴。所以吳王劉濞總是嫌人不夠多，拚命接納天下逃亡罪犯，他要打仗，人多總是好事。

隨後，很多困惑就可以相應解除了，為什麼梁惠王要恨恨地說「鄰國之民不加少，寡人之民不加多」呢？看來他是很希望別的國家的人都跑來效忠他，為他當「炮灰」的，可是都不來，他覺得很鬱悶，而且還覺得困惑，所以來問孟子。現在我可以嘲笑他的學識不夠多，他竟不知道「品物每生」的道理，不知道人都怕死。看看〈國風〉裡的「逝將去女，適彼樂土」就知道了。稍後還有「桃花源」，再後還有「烏托邦」，都寄託了人民的理想。

為了對抗這種逃世思潮，國君們只好採用「傅籍」等法律制度來懲治，於是賤民們終於「無所逃於天地之間」。

有幸社會總是進步的，因為醫學的進步，人口漸漸地增多起來，國君們也開始不愛惜了。他們再也不野蠻地強迫你服役，你如果覺得在他國土裡生活太勞累，他就對你說：

「你覺得哪裡好，你就去哪吧——當然，有必要提醒你一句，你是個叛國者。」有些人想活，於是趕快跑，他隨之被稱為流亡者。但注意，這是因為人口太多的緣故，如果失了這個前提，則結果又不一樣。原先東德的資本家往西德逃竄的時候，政府是很高興地發給他護照的，因為走了這群人，只是有益無害；後來發現很多人似乎都要逃亡，於是慌張了，趕忙豎起一堵牆。這又和某些國家的傳統不謀而合了。

但有著十多億人口的國家，是永遠不會走得十室九虛的，所以回歸傳統一時還不會，讓人選擇的進步會一直保留著。

所以一聽有人對現狀表示不滿，馬上就有人攘臂伸拳說：「這裡是不怎麼好，你覺得哪裡好，你就去哪裡吧。我是熱愛我的家園的。」

好！家園是他們的，別人想改造一下就似乎喪失了對家園的繼承權。可是，他們以為自己真的都擁有繼承權嗎？

而且即便如此，我也想問一句，憑什麼家園就是他們的？別人只有出走的份！

謚號和廟號

古代有一定身分的人死了，大家是要對他蓋棺論定一下的。這風氣據說出自「郁郁乎文哉」的周朝，他們把商擊滅之後，開始著手評斷死了的姬昌和姬發的是非功過。結果是一個誇為「文」，一個稱為「武」，也就是所謂的周文王和周武王了。那名目叫做「謚」：「謚者，行之跡也。」

說到「謚」的起源，這裡要提到一本《逸周書》了，那裡面有篇〈謚法解〉，是解釋各種謚法來由的。文章的開頭就說，周公旦和姜子牙兩個老頭子商量了老半天，制定了一個謚典。因為《逸周書》來源古老，有一部分還是晉朝時從戰國時代魏王墓裡挖出來的。說法這麼早，我們也不敢輕易懷疑。總之，我們由此知道，謚號在古代確實是很嚴肅的事，以至要寫進煌煌典冊之中。

謚號到底有什麼作用呢？這裡我要扯到章太炎了。他在《訄書．平等難》裡說，眾生平等是虛假的，人的身分總有高低貴賤之分。他的說法似乎還很有那麼一點道理。就說民主典範的美國吧，要讓小布希完全和一般老百姓平等，事實上也辦不到，並非每個人都能像他老爸那麼有錢，花錢讓他唸名牌大學乃至推上總統位置。不過章太炎他老人家說，絕對的身分平等雖然不可能，絕對的批評卻是可以平等的。由此他就迂腐地祭起了「謚」這個例子，說老百姓對他們的王可以置褒置貶，有罪的王，史書上不得不留下那麼醜惡的一筆。就像埃及的法老一樣，犯了大過錯，則連躺進金字塔的資格也沒有，煞是可憐。因此這懲罰很能讓生前的王深自悚慄，不敢過分為非作歹。可見諡號的作用。當然，一般老百姓是用不著諡號的，因為你的能力不夠大，對社會不會有什麼大的影響。《大戴禮記》裡說：「有土之君也，一怒而天下懼；匹夫之怒，適以亡身。」這是很經典的概括，對我們現在還適合。我們老百姓只好把制定諡號這玩意當救命稻草捏在手裡，希望君王們發號施令、生人殺人、欺男霸女時能稍微有所收斂。

綜觀歷史，客觀地說，這諡剛開始還有那麼一些作用。而且越在上古，皇帝的權力越沒有我們想像的那麼大。比如漢代，皇帝的聖旨下去，臣下也可以不買帳，毫不客氣地提出異議駁回，那叫「封還詔書」，什麼金口玉牙之類，多是小說家言。而關於諡號，新即位的皇帝也改動不了，這可能有迷信的因素在支撐。老的皇帝死了，群臣就要到南郊去禱告上天，為崩殂的皇帝制定諡號，有不敢欺騙上天的意思，新的皇帝雖然對老爸的諡號很反感，但懾於上天的威力，只好知趣地閉嘴。所以像周朝的「厲王」和「幽王」，他們的兒子宣王和平王看著不舒服，也只有乾瞪眼。

應該說，在先秦，諡號還是發揮了一定作用的。諸侯王確實比較在乎這個，比如春秋時楚共王臨死的時候，很慚愧地對大夫們說：「我幼年即位，能力不好，國家治理得很一般，還去跟晉國打仗，鄢之戰敗得一塌糊塗，辱沒祖宗，為諸位大夫帶來憂慮。如果我死了，能和先王共受祭祀於太廟，給我的諡號就叫『靈』或者『厲』吧，你們斟酌斟酌，哪個更適合我。」床邊的大夫都愣了，不答應。因為「亂而不損日靈」、「戮殺不辜日厲」，都是很惡劣的諡號。只是這臨死的王很執拗，眾臣勸說了五次，不管用，最後才答應了。不過到真的制定諡號的時候，宰相子囊才一本正經地說，該為王制定諡號了。眾大夫又一愣，說：「王臨死前不是說好了，讓我們在『靈』和『厲』之間選一個嗎？」子囊說：「你們這幫豬腦子，也不想想，我們的王有這麼差勁嗎？赫赫楚國，君王臨之，蠻夷賓服，諸夏敬畏。他老人家竟然還覺得自己有過錯，這不是一個很恭敬的君主嗎？我看諡為『共』比較合適。」於是眾大夫皆稱好。因為「既過能改為共」，也確實符合楚共王一生的經歷。諡號的制定這麼嚴格，也可見當時的君王很在乎身後之名。這樣說來，有神論對社會還是有一點積極意義的，人們相信死後有靈，就不會無恥地說「在我死後，哪管洪水滔天」，不是嗎？

暴君秦始皇是看到了這一層的，他討厭諡號，所以併吞天下後，自我膨脹得要命。改了王，稱「皇帝」，還不夠，還要下詔廢除諡號制度。理由是：「朕聞上古有號無諡，中古有號，死而以行為諡。如此，則子議父，臣議君也，甚無謂，朕弗取焉。自今以來，除諡法，朕為始皇帝，後世以計數，二世三世至於萬世，傳之無窮。」看他多有野心，想子孫帝王萬世之業，結果只落得二世而亡。這「二世」雖不算謚號，卻比所有的惡謚還臭。後世說起滅亡的例子，必定以這傢伙為首，說他是「人頭畜鳴」，這不是沒造成封殺謚號的效果嗎？

漢代建立，又開始搞謚號這套了，可是也慢慢變了味，再差的王也可以得美謚了。綜觀西漢一朝，就沒有被冠上惡謚的皇帝，諸侯得惡謚的倒不少，比如謀反的淮南王劉長，全稱為「淮南厲王」。這當然是諸侯王的權威不夠，無法阻止中央對自己褒貶的緣故。而且，同樣有趣的是，任何其他的含有褒貶色彩的程序也遭到和謚號相同的命運，比如廟號。

廟號同樣是一個蓋棺論定的稱號，對王有著褒貶的作用，也就是稱祖稱宗，永享太廟。起先謚號是每個王都有的，可是廟號只有厲害的王才配享用。而沒有廟號資格的皇帝過一定時期牌位要被撤掉。劉邦的謚號是「高」，而廟號是「太祖」，合起來就是「太祖高皇帝」，文帝的廟號是「太宗」，武帝的廟號是「世宗」，宣帝號稱中興，廟號是「中宗」，元帝其實很孱弱，他在位，漢朝開始衰落了，可是他也很幸運地分到一個廟號，稱為「高宗」——可能是王莽別有用心的緣故。

因為他的姑姑是元帝的皇后，又活得特別長，到他篡位的時候還在呢，看在姑母的面子上，總得給那早死的姑父一個面子，不是嗎？總之，整個西漢，雖然不無舞弊的嫌疑，但有資格稱廟號的也就這麼五位，享有「文景之治」盛名的景帝和聰明得不得了的昭帝都沒有資格橫插一腳，可見入選的嚴格。但是，和諡號一樣，這廟號很快變了味，到了唐代，已經是無帝不可以稱宗了，包括被太監掐死的那個十八歲的短命皇帝也煞有介事地叫什麼「敬宗」呢。

從諡號到廟號，我們可以饒有興趣地看到評議君王的自由是怎樣被建立，又是怎樣變味的過程。即使有再多的類似程序，在專制的制度下都是不能倖免的。

因為制定所謂諡號和廟號的想法自始至終都在他們自己的控制之下。

清明節

清明節，現在人盡皆知，但早先它並非一個節日，只是二十四節氣之一。據《淮南子・天文訓》中記載，每年春分後的十五日，清明風至。古注裡說，這個時候萬物皆「清潔而明淨」，所以稱之為「清明」。

把清明發展為一個節日，在於寒食節。因為寒食節只比清明早一天或者兩天。唐大曆十二年，朝廷乾脆下令，將清明等同寒食，算是從法律上確定了它們之前如膠似漆的關係。在唐詩中，清明和寒食確實也是幾乎不分，你中有我，我中有你。

寒食節的由來，最有名的說法是來源於介子推。這人是晉文公的小跟班。有一種版本的傳說是晉文公即位之前，在各諸侯國流亡了十九年之久，介子推不離不棄。這倒罷了，有一次晉文公缺乏營養，介子推不怕殘廢和感染，竟把自己大腿上的肉割了熬湯給他喝。但晉文公成功回國即位，遍賞群臣，獨獨遺漏了介子推。介子推一怒之下，就躲到綿山裡，用隱居來表達對忘恩負義行徑的抗議。晉文公很快醒悟自己錯了，派人去找介子推，介子推一概謝絕。文公就下令燒山，想這下總該出來了吧。誰知介子推很有骨氣，抱著樹燒死了。晉文公很慚愧，親自穿著喪服祭祀，下令附近的居民必須參加，還說，此後相同時間不許起火煮食，只能吃寒的。國王從來都是蠻橫無理的，倘若這說法為真，介子推反而連累了附近的老百姓。

當然不可能是真的，因為正經史書從沒記載過。不過這世上向來是最離奇的才最有生命力，所以一下就傳開了。也有人意見不同，認為寒食這天不舉火，在古代有改火的習俗。據古書記載，古代鑽木取火，不同的季節，要採用不同的木材。比如春天取榆柳，夏天取棗杏，季夏取桑柘，如果用得不對，就會對人有害。唐代詩人韓翃的名詩〈寒食〉裡說：「春城無處不飛花，寒食東風御柳斜。日暮漢宮傳蠟燭，輕煙散入五侯家。」就是描繪皇帝取榆柳之火以賜近臣的事。但如果每個季節都要改火的話，為何只有一個寒食節呢？這點無法自圓其說。所以，寒食節的具體由來，可以說並不清楚。有一種比較可信的觀點，說是和祭祀穀神后稷時焚燒人牲有關。傳說中介子推焚死的地方綿山，有汾陰后土祠，還有稷山，是后稷教民稼穡之地。為了哀悼那燒死的人牲，所以相約幾天內不許點火。但文人們也都喜愛傳奇故事，所以在他們的筆下，寒食節總和介子推密不可分。

但吃冷食的習俗影響非常大，到什麼地步呢？據《後漢書》記載，山西太原的百姓，在寒食節時期，真的封灶達一個月之久，搞得老弱婦孺都吃不消，很多人竟因此發病死了。並州刺史周舉到任，聽說了此事，下令嚴厲禁止。後來魏武帝曹操還曾專門下令，凡不改掉這陋俗的有罪，最終縮短了寒食期限，從一月改為三天。

但是就算三天，時間也不短啊！於是這習俗一直慢條斯理地拖著，拖過了南北朝，接著唐朝，接著五代，接著宋代。宋代的士大夫們開始躲在房間裡偷偷吃熱的，雖然煙囪可能會洩露他們的祕密，但誰管得著呢？既然這樣，大家都不吃冷的了吧，免得互相感覺虛偽。於是元朝以後，寒食節這一習俗差不多就廢棄了。這樣一來，再稱寒食，就顯得名不副實了，於是，「清明」兩字逐漸替代了它，大家都稱之為清明節。

不像現在，大家覺得這個節日可有可無，在以前，這是一個相當重要的節日。唐代官方要連續放假四五日，後來加長至七日，可以算黃金週了。

事實上除了吃冷東西這點之外，這個黃金週其他的花樣還是很多的。首先它占據了天時，陽曆四月，南方已是花紅柳綠，鳥囀鶯啼；北方也楊柳依依，有些花也差不多開了，一派欣欣向榮的景色。在屋裡蟄居了一冬天，誰不想出外遊玩？所以在這七天，郊外的風景區是人來人往的。

有一部南北朝時的民俗書《荊楚歲時記》是這麼記載的，寒食節期間，要畫雞蛋、鬥雞蛋、插柳、戴柳、蹴鞠、鞦韆，可見它的盛況。畫雞蛋、鬥雞蛋，我的家鄉把它移到了端午，稱為「槓蛋」。插柳、戴柳，大概和植樹節相似。至於蹴鞠、鞦韆，自然是富貴人家才能有這雅興。唐代的皇宮裡到處掛滿了鞦韆，宮裡的妃嬪競相盪之以為宴樂。鬥雞、蹴鞠，在唐詩中也屢有記載。此外，禁火、插柳、上頭、踏青、掃墓、賽龍舟等風俗的描繪也不罕見。

龍舟當然是南方水鄉才盛行。宋代詞人張先有一首〈木蘭花〉的詞，專門寫寒食那天的生活。詞的上闋說：「龍頭舴艋吳兒競，筍柱鞦韆遊女並。芳洲拾翠暮忘歸，秀野踏青來不定。」既描繪了賽舟，也描繪了盪鞦韆、踏青，真是熱鬧而浪漫，讓人目不暇接。去郊外的秀野踏青拾翠，這樣的日子，對女子們來說無疑相當痛快，平時很難有這種機會。

當然這期間最重要的活動還是掃墓。就我個人來說，一聽到清明這個詞，馬上能想起墳墓，蕭瑟荒涼，一點也察覺不到它的美好。

清明節

清明掃墓的習俗，上古是沒有的，至少儒家經典裡沒有記載。它什麼時候開始出現，誰也說不清楚，反正唐宋已經很風行。但掃墓彷彿也遵從禁火的習俗，宋代莊季裕《雞肋編》上說：「寒食上塚，亦不設香火。紙錢掛於塋樹。其去鄉里者，皆登山望祭。裂帛於空中，謂之掰錢。而京師四方因緣拜掃，遂設酒撰，攜家春遊。」當時不像今天那樣燒紙錢，而是掛紙錢在墳邊樹上。而掃墓既到野外，春遊則是順便的了。棄祭祖之悲傷，易遊春之歡快，如此心情的疾速轉變，曾讓最高統治者十分不安，唐高宗就曾下令，禁止在寒食節上墳，尤其不能容忍上墳之後又快樂出遊，認為這褻瀆了祖先。

但沒有人真正聽他的，所有人都陽奉陰違，嗣後大家也都覺得理所當然了。掃墓和春遊要分成兩件事，那才真是奇怪。

今天，寒食節這名稱只留在書本上，清明節的性質也早就變得不太一樣，回想千年來它享受的優寵，彷彿是一場春夢。

關於秦國

要說起秦地，可以先翻翻《漢書・地理志》，它包括的地域極為廣闊，計有京兆、扶風、馮翊、北地、上郡、西河、安定、天水、隴西、巴、蜀、廣漢、犍為、武都、金城、武威、張掖、酒泉、敦煌、牂柯、越巂、益州二十二個郡。不過這是指廣義的秦地，至於當初春秋時的秦國，可遠沒有這麼大的地盤，在我們的印象中，「秦」一般是指今天的陝西省一帶，陝西省直到現在不是還簡稱為「秦」嗎？巴、蜀等地是戰國時被秦國併歸為郡的，武威以西的地方是漢武帝從匈奴手中搶來的，武都、牂柯、越巂等地則是從西南夷手中奪來的。狹義的秦當初真是小得可憐，它得名的由來，不在陝西，而是在隴西天水秦亭、秦谷這個地方。《說文解字》上說：「秦，伯益之後所封國。地宜禾。从禾，舂省。」結構像一個棒杵在石臼裡舂禾，可能這個地方土地肥沃，適宜農墾，所以叫秦吧。《詩譜》裡說：「秦者，隴西谷名，於〈禹貢〉近雍州鳥鼠之山。」鳥鼠山在今天甘肅省渭源縣附近。可見秦國發祥在甘肅，因一個山谷而得名。有的人還專門撰文，指責說，大家只關心關中的長安一帶，說起秦國的輝煌來就是兵馬俑和阿房宮，而殊不知秦國故地在甘肅，因為在天水附近的禮縣發現早期秦公墓和文物，可證明秦國的起源。從某種角度上來說，這牢騷確也在理。《百家姓》上「趙」姓的郡望是「隴西天水」，而秦國國君本來就是趙氏，不過古時候姓氏是很複雜的，我們說不清楚，總之這好像作為秦國起源於此的一個佐證。一千多年以後，趙匡胤建立宋朝，後世的某些歷史學家提起這個朝代，不直截了當說「宋」，偏要神祕兮兮地稱「天水一朝」，就是因為趙姓發源於天水。如果我們想要自告奮勇地為他們聯宗的話，就可以喜氣洋洋地宣布：你知道嗎？原來宋朝的皇帝全是秦朝的後代，上天真是眷顧他們，總要讓天下老百姓納稅給他們家，把他們養得根深葉茂。還好，《宋史．太祖本紀》裡提起那位「太祖啟運立極英武睿文神德聖功至明大孝皇帝」，沒有硬往秦國那些光輝的始祖上靠，只老老實實說是「涿郡人」而已。也許因為寫《宋史》的是元朝人，沒有必要拍這個馬屁的緣故吧。

可是奴隸制時代的史官是善於拍馬屁的，雖然他們有「直筆不隱」的傳統，甚至為了這個連自己脖子上吃飯的傢伙也不要。不愛自己而去愛主子，而且是真心的愛，簡直違背人性，無論如何我不能理解。反正他們的善於拍馬屁，可以從他們對遠古那些王侯的世系記載中看出，在他們的筆下，原來那幫帝王們無一不是名門之後，這情況連司馬遷看了也大吃一驚。他在寫〈吳太伯世家〉時，在文末感慨道：「余讀《春秋》古文，乃知中國之虞與荊蠻、句吳兄弟也。」他算是開了眼界了。其實按史書上說，何止荊蠻、句吳，就連匈奴也是我們的兄弟，〈匈奴列傳〉不是說它為「夏后氏之苗裔」，而且還是「天之驕子」嗎？有段時間我們竟把普通的大學生也稱為「天之驕子」，那實在是辱沒了這個詞。

還是回到秦國來，先說說秦國的先祖吧，和具體的人聯繫起來，輿地容易講得眉目清楚。〈秦本紀〉開篇說：「秦之先帝，顓頊之苗裔。」顓頊就是高陽氏，〈離騷〉的第一句也標榜自己：「帝高陽之苗裔兮。」屈原是王族，似乎楚王和秦王是同一個祖先。但接著〈秦本紀〉說：「孫曰女修，女修織，玄鳥殞卵，女修吞之，生子大業。」哦，原來不是父族，只是母族。《詩經》裡說：「天命玄鳥，降而生商，宅殷土芒芒。」商朝的始祖「契」也是他老媽吞了玄鳥蛋生出來的。不過這好像只是遠古的現象，到了後世又變了。

要說起秦國的世系來可複雜了，因此在這裡只講那些有名的祖先可能比較合適。前面說過，秦國的始祖不是高陽氏，因為高陽氏只是母系。顓頊的女兒生下大業，這大業還有個名號叫皋陶。大業的兒子叫大費，幫助大禹治水有功，又幫助帝舜養鳥獸，養得比較好，被賜姓嬴。後來過了幾代，出了一個有名的人叫「造父」，這人善於駕馬，是喜歡到處旅遊的周穆王的專職馬伕。周穆王對他喜歡得不得了，封一座趙城給他，他的子孫於是以「趙」為氏。後來三家分晉的趙國，就是出自他們。又過了幾代，他們的子孫中又有個能人叫「非子」，住在犬丘，也就是今天的陝西興平縣附近（王國維認為應當在甘肅天水附近，殆是）。非子善於養馬，在汧水和渭水之間建了一個很大的畜牧場，周孝王很欣賞他，於是封他在隴西的秦谷，就是今天的天水市所轄的清水縣附近。因為以前造父很榮光，是宗族的驕傲，大家都請求跟他姓趙。他的涵養還不錯，沒有像趙太爺訓斥阿Q一樣，給那些窮鬼族人每人一個巴掌，罵：「你們也想姓趙？你們哪裡配？」而是全部笑納，結果後來他們這夥人都一起歡天喜地地姓了趙，幾乎無人姓那個原來的嬴姓了。所以這次周孝王把非子叫來，準備給他一個大大的封賞。他是很看破世態炎涼的，對非子說，你還重新姓回你的嬴吧，讓他們姓趙去，我好好提拔你，給你土地，讓你也過過小國寡君的癮。因為非子並非嫡長子，按道理來說是不具備繼承宗族土地資格的。非子得了這塊土地，就號稱秦嬴，到他的曾孫秦仲時，獲得了周宣王的歡心，更被晉升為大夫的職稱。要知道，以前大夫這個職稱很不簡單，相應的職稱和相應的生活待遇是配套的。當上了大夫，這說明秦仲不但可以名正言順地擁有龐大的私人武裝，而且還可以擁有禮樂等設備，正式體面地過上上等人的生活。他這時心情比較好，於是西伐諸戎。可是力量不夠，他反被西戎擊斃。他兒子替父親報仇，花了許多力氣，總算擊破西戎。宣王誇他有出息，乾脆把以前非子居住的、原是非子長兄世襲的土地全封給他，他於是號稱西垂大夫了。又過了些年，周幽王無道，犬戎聯合申侯，把周幽王殺死在酈山下。秦這時傳位至襄公，他率兵護送周平王東遷洛邑。可能這次拍馬屁拍得更好，周平王很感激他，又進一步把他的職稱提升，正式封他為諸侯，並且把原來周王統轄的岐山以西的地方全部賜給他。其實這落魄的王知道自己是泥菩薩過河，自身難保，那塊土地自己想管也管不了，樂得做個順水人情。於是將近八百里的土地全部併入秦國版圖。秦國的基業，主要是靠秦仲和襄公兩個人奠定的，所以《詩經．秦風》的起初幾篇都是讚美他們兩個的，其他的君主分不到一杯羹。

這時的秦國才算正式建立了。襄公要好好慶祝一番，他很得意，當然啦，他從此再也不怕別的諸侯把他看扁了，因為他以前國土雖然不小，人口也有一定規模，物產也很豐富，可是一點地位也沒有。他得的全是周王的故地，是經過周朝幾十代人經營的，特別肥美，用個形容詞可以叫做沃野千里。而且那裡的人民都狂熱地喜歡農桑，山裡的物產也很繁多。《漢書．地理志》上說這地方有「鄠、杜竹林，南山檀柘，號稱陸海，為九州膏腴」。山產比海產還豐富。可是他光守著這塊好地有什麼用，頂多是經濟大國，成不了政治大國。就算如史書上說的，它的人口占天下的三分之一，GDP占十分之六，可是職稱上不去，仍是沒有用。他只是一個大夫，根本沒有資格參加某些高級別的外交活動，比如新年到了，就不能和別的中原國家通聘。現在他做了一番勤王的事業，終於可以揚眉吐氣了，立即找來三頭黃牛、三頭公羊，外加上黑鬃的紅馬駒也三頭，在西（今天水附近）這個地方建了一種叫「時」的祭祀壇，禱告天帝祈福。襄公死了以後，他的兒子文公到東邊去打獵，重新來到當年非子養馬的地方，清理畜牧場遺址，築了一座郿城，後來在郿這個地方又建時祭天。文公死，憲公即位（《史記》作「寧公」，陝西出土的銅器「秦公簋」作「憲公」，證明《史記》誤抄），他把國都從西縣遷到郿城附近的平陽，又陸續掃平了亳、小號等附近的一些小國。秦德公時，遷都雍城，建了有名的大鄭宮，用了牛、羊、豬各三百頭來祭祀天帝祈福，聲勢浩大無比。這時秦國國土更加廣大了，《史記》上說「後子孫飲馬於河」，它的影響已經向東延伸到黃河流域了，表示秦國開始從戎氣十足的國家開始正式融入華夏文明，為以後和東方國家交流，直至併吞它們打下了堅實基礎。

德公以後，秦國繼續東進，開始與東邊強國晉國時時發生戰爭。這時候有勝有敗，但過了幾十年，赫赫有名的秦穆公即位了，他跟晉國相持了幾十年，艱難地把國土東延，一直到了黃河以東，和晉國城池犬牙交錯，又向西邊自己的後院挺進，徹底攻滅了戎王，成了春秋時期的霸主。他在位時間很長，共有三十九年，戰果不凡，總共吞併了二十四個小國，秦國疆土增加了上千里之多。後來的隴西、北地郡都是他奪取的。想想這麼大的土地上，居住的人民都是要納稅的，會為秦國國庫增加多少錢糧，累積多少東征西討的資本？秦國就是靠著這一代代的經營，逐漸成就了以後的併吞天下之業。

當然，秦地的山川形勢對秦國的統一有極大的幫助。它地勢險峻，易守難攻，《史記·高祖本紀》上說：「秦，形勝之國，帶河山之險，懸隔千里，持戟百萬，秦得百二焉。地勢便利，其以下兵於諸侯，譬猶居高屋之上建瓴水也。」秦地的主要部分，處在黃土高原上，東面有赫赫有名的函谷關，因處於山谷中，深險如函而得名，遺址在今天的河南靈寶縣附近。賈誼〈過秦論〉裡說「秦孝公據崤、函之固，擁雍州之地，君臣固守以窺周室」就是指此。因為此關，秦國號稱關中，關以東則稱關外，當年關外的六國屢次聯兵擊秦，無不在此敗還，可見其牢固。最初，函谷關屬於晉國，等到秦國占有了此關，從此進可攻，退可守，牢牢掌握了逐鹿中原的主動權，關中也從此成為一個建立王業的代號。秦末，項羽明明已經占領了關中，可他不聽勸諫，偏要東還，定都彭城，只派三個秦朝降將守衛關中，乃至後來被劉邦攻破。氣得當時勸他的人說：「我聽說楚地人沐猴而冠，喜歡表面風光，果然如此。」就是譏刺項羽放棄大好河山，只想回故鄉炫耀的華而不實的作風。後來劉邦也想定都洛陽，他倒是聽了婁敬的勸告，最終建都關中，奠定了漢朝幾百年的基業。

函谷關以西又有潼關，古稱桃林之塞，潼關這名不知什麼時候才有的，地址在今天的陝西華陰縣東四十里處。潼關和函谷關之間上百里的範圍都山谷幽邃，高出雲表，兩面崖壁險不可攀。谷中深林茂木，白日成昏，故潼關又稱雲潼關。安史之亂時，安祿山與哥舒翰相拒潼關，軍隊不能前進半步，後來唐玄宗命令哥舒翰主動進擊，皇帝苦諫不聽，哥舒翰只好哭著率兵出關，結果在靈寶大敗。安祿山入關，一路勢如破竹，玄宗也只好倉皇西逃。

南邊有武關，是秦、楚的分界，不如函谷關險要，所以當年劉邦入關，就嚇得避開函谷關，走容易攻破的武關，他挺識相的。

秦的西邊又有散關，又稱大散關，在今陝西寶雞西南大散嶺上，處在秦嶺和隴首山的連接處，控扼南北的咽喉，是巴蜀和關中的交通孔道。陸游詩說：「三秦父老應惆悵，不見王師出散關。」可見散關的重要。

北面還有蕭關，在今甘肅固原縣東南，匈奴人常從此劫掠關中。

這些關塞從四面捍衛著秦國，所以古人說：「秦，四塞之國也。」

除此之外，秦地的自然地勢原本就很險要，南有秦嶺為天然屏障，也就是《詩經》裡提到的有名的終南山，又稱南山，還稱為中南山，因為它地處天下之中，又在國都之南。終南山東西綿長，西起隴首，東至於函谷，物產富饒，《漢書．地理志》裡說：「南山檀柘。」可見其林木深美。它東西橫亙八百餘里，山谷眾多，盤紆迴遠，最有名的有子午谷、褒斜谷、藍田谷等，歷來為兵家必爭之地，號稱「天下之大阻也」。當年諸葛亮北伐中原，經常在褒斜等山谷和魏兵相持抗衡。因為這些幽深的山谷，這裡一度還是強盜們所青睞的聚集之地。南宋時，和金國以終南山為邊界，後來蒙古鐵騎突入山南，宋、金兩國都同時受到生存威脅。

東邊有華山，又稱太華山，號稱西嶽，在今天的陝西省華陰縣境內。山如削成，十分陡峭。一共有五個山峰，狀如蓮花，原叫「花山」，古代「花」、「華」通用。華山是秦國控制東方的咽喉之地，在秦人的心目中，它還是一座神山。秦惠文王嬴駟生病，還專門用玉版向它禱告。在軍事上，它的作用也是顯而易見的，〈過秦論〉說，「踐華為城，因河為池」，「華」即指華山，「河」指黃河，秦和晉國以河為界，關河表裡，恰似金城湯池，難怪秦始皇以為可長享百世基業。華山以西二十里處還有少華山，比華山略小，故稱，也是一個險塞。

秦地西面最著名的有隴首山，在甘肅清水縣附近，上有九阪，也是既高且險，古書上說：「隴坻其坂九迴，不知高幾許。欲上者，七日乃得越。」又說：「登隴山而東望秦川，四五百里，極目泯然。」當年關中來的守兵登上這山，東望家鄉，十分悲傷，所以有古歌曰：「隴頭流水，鳴聲嗚咽。遙望秦川，肝腸斷絕。」確實是阻擋西面戎狄的屏障。隴首山建有多座關塞，有名的叫「大震關」，唐朝時，吐蕃兵攻破大震關，河西瞬間全部淪陷，可見隴首關塞的重要。

東北還有龍門山，在今天的陝西韓城附近，據說是當年大禹治水時開鑿，從《尚書》以來，很多先秦典籍都對它有記載。稱它「懸岩峻壁，夾河並峙，河經其中，驚濤駭浪，震動岩谷」，實在是個險隘。

北有橋山，在今陝西黃陵縣西北，相傳上有黃帝陵，又稱子午山，都是用兵之地。

此外，有名的賀蘭山、祁連山亦在古秦地。賀蘭山在今寧夏，盤踞數百里，像駿馬，北方民族稱駿馬為「賀蘭」，是他們南入中原的必經通途。宋朝時，西夏元昊建築宮殿於賀蘭山東，成就一代霸業。祁連山本名天山，因為匈奴人稱天為「祁連」，故改名。祁連山十分高大寬廣，綿延數千里，山中冬溫夏冷，適宜放牧。漢武帝派遣霍去病在祁連山擊破匈奴，匈奴丟失祁連山後，哀嘆「奪我祁連山，使我六畜不蕃息」。

至於河流，東邊有曲折的黃河，原先秦國地不到黃河，黃河以西很多土地都是晉國的。三家分晉後，河西地為魏國占有，後秦、魏爭強，魏國屢屢戰敗，只好遷都東面的大梁，把河西地獻給秦國，秦國於是更加強大。除了黃河之外，最有名的是渭水，源起隴西首陽縣鳥鼠山，東流經天水、郿、咸陽等重要城邑，橫貫八百里秦川，沿途接納不少河流，最後在潼關注入黃河。其他有名的河流還有涇水和洛水，皆從北向南匯入渭水，灌溉了關中大片良田，使秦國號稱「膏壤」。這些河流還是秦地漕運的主要通道，對秦地經濟的發展是極為重要的。

從秦仲到秦孝公，由於不斷東擴，國都也一直東遷了許多次，從雍遷到涇陽，又遷到櫟陽，最後遷到咸陽。咸陽在渭水之北，九嵕山之南，既是山之陽，又在水之陽，所以叫咸陽（咸就是「皆」的意思）。九嵕山又稱北山，和南山相對而言。秦國得地勢之便，物產豐富，加上文明比較落後，長期受戎狄影響，總是不能完全吸收東方的禮樂文明。落後的地區總是能擊敗發達地區的，在農業社會中這是一條規律。杜甫詩裡說：「況復秦兵耐苦戰，被驅不異犬與雞。」在黃沙散漫風蕭索的秦地，人們容易養成堅韌的性格，有此一系列條件，它之於戰國七雄中脫穎而出也是必然的吧。

漢代人的壽命

曾經看到一篇文章，說美國每十萬人中就有三百五十人壽至百歲，而中國只有兩個。於是產生了好奇心，想了解一下當今世界，哪些國家的人均壽命最高。結果發現日本常常位居首位，上面那個美國的說法是錯誤的。

據報告統計，一九九七年日本的人均壽命為七十九歲，排名世界第一。

二〇〇六年，這個排名被安道爾 (Andorra) 和聖馬利諾 (San Marino) 超過，日本屈居第三。但那兩名都是袖珍小國，總人口才幾萬，排名高也意義不大，而日本是超過一億人口的大國，所以實際人均壽命，還應當以日本為最佳，已經達到了人均八十歲，百歲人口超過一萬的盛世景象。

排在日本後面的，是澳洲、瑞典、義大利、挪威、冰島、芬蘭和法國，都是西方已開發國家。顯然，壽命和發達程度是成正比的。

依據聯合國世界衛生組織所定義的，六十五歲以上老年人口占百分之七以上即為高齡化社會，就算是當之無愧的長壽國。顯然，日本是符合的，二〇〇八年，它的六十五歲以上的老年人口早已超過聯合國所定義的標準。

這讓我突然回憶起一份漢代的人口調查表來。

那份調查表於一九九三年出土於江蘇連雲港市東海縣溫泉鎮尹灣村，是漢成帝元延元年到三年期間（西元前十二年至西元前十年），東海郡官員上奏給長安朝廷的述職冊。述職冊中包括一份人口統計表，那時不但不限制生育，反而鼓勵生育，人口成長越多，官員的政績越大。東海郡當時下轄三十八個縣，算是大郡。以山東郯縣為中心，包括今天山東南部、江蘇北部的廣大地區。人口數是這麼記載的：

男子七十萬六千六十四人，女子六十八萬八千一百卌二人，女子多前七千九百廿六。年八十以上三萬三千八百七十一，六歲以下廿六萬二千五百八十八，凡廿九萬六千四百五十九。年九十以上萬一千六百七十人。

男子人口有七十萬六千零六四人，女子有六十八萬八千一百三十二人，總人口一百三十九萬四千一百九十六人，值得注意的是，八十歲以上的人口有三萬三千八百七十一人，竟然占總人數的百分之二點四；九十歲以上的也有一萬一千六百七十人，占總人數的百分之零點八。二〇〇四年十月一日，日本八十歲以上人口有七百一十三萬人，九十歲以上的則達到了一百零一萬六千人，分別占總人口的百分之五點三和百分之零點七七，前者比例高於西漢，後者竟然不及。

有一點也許應該考慮進去，由於古代醫藥條件不佳，可能很大一部分人會死於壯年，這樣就降低了總人口基數，便於提高老年人口比例；但也要看到，現代醫藥雖然挽救了大部分患病的壯年人口，但也增加了可能達到八九十歲高齡的人口數，總歸來說，老年人口的比例古今應該是平衡的。那麼依照《尹灣漢簡》的記載，西漢末年東海郡的長壽人口非常可觀，至少在九十歲以上的人口比例上，超過了最長壽的國家——日本。這說明什麼呢？

很有可能西漢東海郡政府在造假，故意增報了八十歲以上人口的數目，因為按照《漢律》六歲以下，八十歲以上的人，是享受一定優待的，除了不納稅，不服役，甚至犯罪也不需要負法律責任（謀反受到連坐例外），逢年過節，政府還發給一定的犒賞。故意增飾八十歲以上的人口數目，一則顯示地方政府的政績相當不錯，嚴格履行了《孝經》等朝廷的規定，老年人身心舒暢，得以安享晚年，得以黃耇眉壽；一則也不致因為稅收問題受到中央的責難。由此可見，中國古代封建政府部門造假習慣真是淵源有自。

當然也有可能是當時東海郡環境優美，土地肥沃，食物充足，海產品豐富（東海郡很多縣臨海），空氣品質好，負離子到處都是，人們服華衣，厭粱肉，因此得以壽比南山。

貴族時代的戰爭——致師

少時看《三國演義》，兩軍對陣，必各派出一人單挑，最後被斬於馬下的一方，其軍隊必潰逃。於是感嘆猛將的作用，對普通士兵，看得若有若無。略長大一些，覺得那畢竟是演義，誇張的離譜。一個人再猛，被十來個士卒圍著，持矛一陣亂戳，只怕也難倖免；再不行，來十幾個弓弩手圍著一陣亂射，還不死的簡直是奇蹟。真實戰場可不是武俠，武勇如西楚霸王，隨便就能來個百人斬，也免不了自刎烏江的命運。於是想起演義裡的呂布、關羽，讓人發笑，史書上說他們「萬人敵」，不過修辭手法而已。而且真正的戰爭，除了少數例外，絕不會有那樣打法。

讀研究所時讀《左傳》，才發現自己又錯了，古代戰爭還真有類似單挑的這種打法，只是發生在春秋，他們用的詞叫「致師」。

就講一件魯宣公十二年的事吧。這年的春天，楚國討伐鄭國，三個月後，鄭國國君打著赤膊，牽著頭羊向楚國投降。但城未破之前，鄭國已經向晉國發出了求救信號，只不過晉國辦事拖拖拉拉，等軍隊走到黃河邊上之時，聽說鄭國已經投降。晉國中軍主帥荀林父認為楚軍銳甚，不可爭鋒，想班師回朝。然而他的副將先縠不肯，私自帶自己的部屬渡河，理由是晉國一直是霸主，要是見了楚兵就馬上開溜，以後在江湖上就沒辦法混了。荀林父擔心先縠有失，只好下令全軍跟進。

其實楚軍對戰勝晉軍也毫無把握，當時孫叔敖為令尹，勸楚莊王避戰，但莊王的寵臣伍參，也就是伍子胥的爺爺，堅決主張參戰，理由是楚國是莊王御駕親征，怎麼能避讓晉國的臣子。莊王於是下定決心，命令孫叔敖整兵抵禦。

不知出於什麼原因，接著楚莊王派了個使者去晉營求和，晉方也求之不得，約定盟誓。但盟誓日期未定，楚國搞了一點小動作，也就是派勇士致師，單車向晉營挑戰。

和騎兵時代不同，車戰時代的挑戰，起碼得配備三個人：司機、領導、保鏢。在那個時代，他們分別稱為：御者、主將（普通戰車也稱車左）、車右。楚國致師的這輛單車（不是腳踏車），車上三者的名字分別為：許伯、樂伯、攝叔，我們不要誤解他們都年齡老邁，是大伯、大叔輩，那時的伯叔只是兄弟排行或者習慣稱呼而已。這三個傢伙，個個都七個不平，八個不忿，一百二十個不含糊。許伯首先開口：「我聽說致師，司機應當開足馬力，靠近敵軍營壘繞一圈回來，車上紅旗獵獵作響，這才叫爽。」樂伯說：「我聽說致師，車左應該彎弓狂射，到了敵營，代替司機挽轡，讓司機下車輕鬆刷馬而還。」攝叔也不甘落後：「我聽說的致師，版本和你們都不相同。車右應該突入敵軍營壘，割敵軍一隻耳朵，再抓一個俘虜回去。」

三人背誦完了他們的士兵守則，開始行動。過了沒多久，他們就在回程的路上，圓滿完成了任務，但是有個麻煩，屁股後面緊緊黏著晉國的追兵，中間一坨，兩邊各一坨。樂伯不客氣，彎弓就射，左邊的一坨他射馬，右邊的一坨他射人，最後只剩下中間那坨還戀戀不捨，不離不棄，而他只剩下一支箭，要逃走看來是不可能了。這時他看見路旁有一頭麋鹿（那時環境真好），果斷射出一箭，將其擊斃，然後命令攝叔：「按作戰守則辦。」

攝叔立刻跳下車，扛起那頭麋鹿，擋住中路的追兵，說：「不是適當的季節，沒有什麼好東西，這頭鹿希望您不嫌棄，帶回去給下屬嘗嘗。」

中路追兵的主將叫鮑癸，一聽傻眼了，人家這麼講禮貌，認真按照作戰守則來，自己不能蠻不講理啊，只好下令停止追擊，對部下說：「這三個傢伙不簡單，車左善射，車右文采好，都是名副其實的貴族啊！仰望中……」楚國的三位貴族兄弟，就這樣開著一輛馬車，帶著一個晉國俘虜平安回到了軍營。

當然，這故事還有後續，晉國的魏錡聽說楚國的三位致師者就這樣白白放跑了，很不服氣，要求也去楚營走一趟。他回家的路上，後面緊跟著的是楚國的潘黨，魏錡手忙腳亂，好在他也及時發現路邊有麋鹿，而且是六頭，當即如法炮製地射了一頭，叫車右獻給潘黨：「當兵這麼辛苦，平時沒什麼機會吃上足夠的鮮肉吧，如不嫌棄，收下這頭鹿如何？」潘黨一看，想不到這魏錡也是一個響噹噹的貴族啊，算了，也只好下令收兵回營。

這就是貴族時代的戰爭，也許會有人覺得他們虛偽，但我卻守舊地認為，不管在什麼領域，有規則永遠比沒有任何規則好。

文史・寓言

群眾的文化修養

先講兩個有關文化的故事。

話說東漢靈帝時期，很多人喜歡書法。因為靈帝本人是個書法家，上行下效的緣故。有個叫師宜官的人，是其中的翹楚。這傢伙大字小字都很擅長，一片方寸長的竹片，他竟然可以在上面寫一千個字。不知道有什麼不可告人的目的，抑或只是單純的不想讓人輕鬆看。這傢伙還有個愛好，喜歡喝酒，但他家裡也不缺錢，真要喝酒，自家有的是傭人釀，一天十壇八壇也喝得起，照理說在這件事上鬧不出什麼事來。可他不一樣，酒癮上來，就徑直跑到酒館去，還一分錢都不帶，點上一桌子菜，自斟自飲。喝得微醺，才大呼小叫：「老闆，我今天出來得急，沒帶錢，你說可怎麼辦啊？」老闆會意：「來人，幫師大爺上筆墨。」

服務生馬上奉上筆墨。師大爺二話不說，挽起袖子，就在酒店的牆壁上龍飛鳳舞地寫起來。他的字確實好，立刻吸引了無數群眾上來圍觀。師大爺把毛筆一扔，雙臂像鳥翼一樣遮住牆壁：「沒有白看的，有錢的捧個錢場，沒錢的一邊去晃蕩。」話說得很不客氣了，但群眾沒有惱，反而老老實實都到店門前排隊，爭先恐後地掏錢，魚貫而入，聚到書法壁前欣賞。師宜官收了錢，問：「老闆，夠了沒有？」老闆說：「不但夠了，錢還多了。」師宜官說：「那好，停止賣票。」

於是剩下的人想掏錢也沒有眼福，紛紛嘆息著走了。師宜官酒足飯飽，對書法愛好者們說：「時間也不早了，今天就看到這吧。」從懷裡掏出小鏟子，把牆壁上的字鏟了個乾淨：「老闆，剩下多的錢，你找個泥瓦匠把這牆重新弄一下，下次要用。」群眾們悵然離開，還懇求老闆：「下次師大爺再來喝酒，一定要派人通知我。」

還有一個故事是宋代的。說是一個叫許洞的人，作文寫得非常好，名聞江東。這傢伙也是個酒鬼，不過他不像前面提到的師大爺，有錢不花，就是想賣弄。他是真窮，欠了很多酒債。這天酒癮發作，不能自已，又到酒店去賒酒喝。老闆倒也不像對孔乙己那樣對待他，依舊客客氣氣。這許洞卻很難過，混到這麼大年紀，連喝個小酒這點愛好都不能盡興。一時悲從中來，搶過帳房的毛筆，就在酒店牆壁上龍飛鳳舞地寫起來。老闆大驚，剛要阻攔，已經來不及了，心裡暗暗悔恨：千不該萬不該一時好心，沒錢還讓他喝酒。幾個酒錢倒罷了，汙了一面牆，不但要請人來刷，只怕至少得停一天業。他再沒想到，人家許洞自小就很會讀書，一下子就完成了一首一百多字的詩歌。群眾眼睛尖，馬上圍上來看，一看之下，各個嗟嘆：「這詩歌寫的，真好啊。老王，把他請回去讓他做你那傻兒子的家庭教師，只怕是不錯。」「你兒子才傻，只怕把這位才子請回去，他也教不會。」

老闆看著滿屋的人頭，轉悲為喜，推推搡搡：「各位，你們擠在這裡，我這生意還做不做了？」群眾都很講道理，都紛紛坐下來：「老闆，篩兩碗酒，來一碟茴香豆。我們坐下來看總行吧。真是好詩歌啊！妙，妙不可言。」不多時，坐了一屋子的人，紛紛沽酒點菜，坐下來搖頭晃腦朗誦許洞的詩歌。酒店擠得水洩不通，有些穿長衫的，也不講體面，和短衣幫站一起，邊喝邊吟。到打烊的時分，老闆發現今天的營業額比往日多數倍，開心地對許洞說：「許大爺，要不這樣，今後你來喝酒，小店不但一分錢都不收，你往日的債，我也一筆勾銷。但你每次要在壁上幫我們寫一首詩歌，你看如何？」

讀到這裡的時候，我想起了劉邦的故事，這傢伙也是一到酒店，當天的營業額必定翻倍，搞得老闆從不收他的酒錢。以前我不大明白原因，現在知道了，肯定是他的人格魅力，把周圍的無賴都吸引到店裡喝酒了，老闆掙得多，自然讓他免費。西諺說：「天下沒有免費的午餐。」如此看來也未必，在古代中國，只要你有能耐，不只午餐，只怕一年到頭，三餐也不用花一分錢呢！

但我突然又有一點感想，就是覺得奇怪，古代的這些群眾，他們的文化修養怎麼就這麼高呢？那時生產力不發達，賺錢不易啊，但他們一看見文人在寫書法，做詩歌，就算掏錢也要看。在當今，除了當街演猴戲，或者算命賭博，我想是很難讓群眾心甘情願地掏出一分錢的。

說話的修養

有一年夏天，齊景公背上長了個大瘡子，高子、國子兩個大臣來探病。齊景公哼哼道：「幫我看看瘡子長成什麼樣子了。」高子就上前摸了摸。景公問：「燙不燙手？」高子說：「有點燙。」景公又問：「多燙，打個比方吧。」高子就說：「燙得像火一樣。」景公心想，我怎麼沒覺得，又問：「色彩呢？」高子說：「像沒熟的李子。」景公心想，哦，青色，再問：「多大？」高子說：「豆子那麼大。」景公心想，不算大啊，繼續問：「有沒有破皮？」高子說：「破了，像皮鞋裂了條縫。」景公想，看來我的皮膚像牛皮那麼粗糙了，心裡很難過。

君臣又閒談了一會，高子、國子兩人告辭。不久晏子也來探病。景公一向對晏子很敬重，特意派人出去致歉：「寡人生病，不能穿戴整齊出來迎接，麻煩夫子自己進來吧。」晏子進去，立刻吩咐下屬準備盥洗用具，親自幫景公洗沐身體，查看瘡子。景公很感動，心想，真是一向沒看錯人，問道：「燙不燙？」晏子回答：「燙，像麗日。」景公想，麗日，陽光，多美好的東西，又問：「色彩如何？」晏子道：「像蒼青色的玉。」景公想，青而潤澤，不錯，再問：「大小呢？」晏子答：「如玉璧。」景公想，玉璧在背，光明澄澈，真好，最後問：「有沒有破？」晏子回答：「像珪。」景公想，不錯，如珪如璧，君子之美德啊，這個癤子生得可真不賴，心裡很高興。

君臣又閒談了一下，晏子告辭出去了。景公嘆道：「我不見君子，不知道野人之笨拙啊！」

這個故事告訴我們，說話是和修養相配的，一個人的言辭，可以暴露自己的修養。高子、國子兩家，乃齊國的世卿，和國君同姓，傳了幾十代，可謂不折不扣的貴族，照理應該吐辭文雅，結果一說話竟暴露了自己的粗鄙。他們把景公的傷口比喻成火、李子、豆子、皮鞋縫，好像他們世世代代都是農村戶口，靠種果樹和補皮鞋謀生，和自家貴族的身分很不相稱。而晏子把景公的傷口比喻成麗日、蒼玉、玉璧、玉珪，太陽象徵著君主，玉器則是當時貴族經常佩戴之物，在中國文化傳統上具有崇高的意義，「君子比德於玉」，外交聘問都用玉器做聘禮，不但符合景公的身分，而且顏色美好，遠不像高子、國子兩人說的那麼不可靠，景公譏諷他們是野人，固其宜矣。

如此看來，一個人不管多有錢，胸無點墨還是不行的，否則駟不及舌，出口獻醜，讓人暗笑。

當然，我們說的這個故事，其比喻的高下，是以春秋時期貴族制度的背景為前提的，現在文人以李子、豆子、皮鞋縫做比喻，或許更生動，更能引起老百姓的共鳴呢。

絕食和撒嬌

小時候，為了一件小事，我曾經絕食抗爭。那時家裡還在鄉下，必須去井裡擔水喝，因為我是老大，這任務給了我。我只有十二歲，還沒發育，生怕被扁擔壓成一個矮冬瓜。這樣日復一日，心想活下去有何意義。於是有一天擔完水之後，決定賭氣不吃飯。我也並沒有高尚勇敢到想就此殺身成仁，恰恰相反，是想過得好一點，條件就是減免擔水的任務。我覺得我父親還算身強力壯，這本來是他的職責。這次的絕食，在奶奶的干預下，雖然贏得很不徹底，也算是爭到了初步權益。從此，父親終於答應和我輪流承擔擔水的任務了。我從這絕食中嘗到了甜頭，後來為了一件什麼事，我又故技重施，卻遭到了可恥的失敗。白白餓了兩頓不算，還挨了父親一頓暴打。我那時悟出的道理是：一個再好的手段，也不能用來實現過分的奢求。凡事要見好就收，否則結局大多可笑，古人說，「夫人必自辱，而後人辱之」，我想就是這意思吧。

上了國中，從書本上了解到，印度有一個叫甘地的人，號稱聖雄。他領導全國人民反抗英國的殖民統治，贏得了普遍崇拜。我有兩個震驚：一是這聖雄在外面很風光，回到家卻以打老婆為樂；另一個就是他的所謂鬥爭手段竟然是我早就鄙棄的絕食。這是多麼的讓人驚詫啊！多年以前，我用這拙劣的伎倆，施之於親人——父親，換來的是暴打加進食，從此還老實。而這聖雄……這實在是多麼的讓人驚詫啊！

那時我有些追悔了。我悔恨自己當初的過早投降。心想那時任你怎麼打，再堅持兩天，弄得奄奄一息，恐怕就勝利了。但馬上又自我否定了。很明顯，我缺少甘地那樣成功的基本條件，那就是，他絕食的時候，英國人並沒有用槍托來揍他。一個人被揍得厲害了，恐怕叫他「食馬矢」他都會迫不及待，何況人家揍你還是好意，不過讓你去吃香噴噴的米飯而已。我周圍的情況是，倘若有一個小孩被父親打，而他哭泣竟敢超過三分鐘，那做父親的必然會作勢威脅：「再哭，再哭，看樣子你是打不死的李逵了！」那這孩子多半是淒厲地怪哭兩聲，作為「亂」曲，草草收兵。我於是想，要當英雄實在是不容易的，哪怕在一個鄉村的普通家庭。

後來又看了魯迅先生的文章，他曾思考過，舊中國為什麼少有將牢底坐穿的英雄。他得出的結論是：中國舊時代的統治者太殘酷。他們創造了五花八門、鬼斧神工的刑具，能將鐵人熬打成爛泥。先生還舉了一個例子，說直到近現代，一個政府官員聽見民眾絕食請願的消息，還驚詫地說：「他們為什麼不吃飯？我可沒讓他們不吃。」由此看來，章太炎實在是不識時務到了可笑的地步。這位赫赫有名的國學大師，竟然會在北京絕食，以抗議袁世凱的稱帝。他這樣做，自然有他的理由和經驗，因為清末的《蘇報》案，他曾被上海租界當局逮捕，關押期間因為監獄待遇問題曾鬧過絕食，而且似乎取得了勝利，乃至在獄中竟然長胖了。於是他刻舟求劍地以為，這次老調重彈，照例可以給袁世凱好看。可笑的是人家洪憲皇帝哪有工夫理他，多半只會覺得好笑兼納悶：天下竟有這樣的人，自己有飯吃不吃，想讓我生氣，這和搞「掩耳盜鈴」的那個傻瓜有什麼區別？他大概以為他不吃飯我也會餓，可笑！「章瘋子」的稱號果然不虛。結果自然是由他餓去，等到餓得半死不活，魯莽的國學大師也清醒了，在弟子們的勸說下，乾笑兩聲，順坡下驢，不尷不尬地收了場。我有時設身處地想，倘若這位大名士沒有幾個好徒弟，他可怎麼辦啊？真得要急得日日在房子裡轉圈（倘若他還有足夠的力氣的話），如那熱鍋上的螞蟻一樣了。

當然，我自己雖然讀書少，但並不認為中國一向沒有絕食成功的傳統，我可沒有這麼武斷。有關老太后為了某事「涕泣不食」以威脅做皇帝的兒子讓步的事，在《漢書》裡就不鮮見。漢朝皇帝美其名日是以「孝」治國的，死後諡號還要冠上一個「孝」作為標榜，如什麼孝文帝啊，孝景帝什麼的，這時候大抵要陪著太后哭。透過絕食，問題好像解決得飛快。還有一位皇帝為了自己早年的師父蕭望之被奸臣搆陷殺害，竟也絕食一餐哀悼，把底下人嚇得發抖。這些都是達到了目的的成功的榜樣。

那天又讀到《晉書》了，在〈后妃傳〉裡一個實例說得更生動。說晉宣王司馬懿年老臥病，身邊有美貌的小妾服侍，他的正室張皇后為表示關心也來探視，卻被他厭惡地揮手曰「去」，原因是嫌她老：「妳老成這副難看樣子，快走吧，不要讓我看著眼煩了。」這真是「多情卻被無情惱」。張皇后一回去，思前想後，覺得實在冤，好歹自己也是為老公做出過貢獻的人，幾十年生死相伴不說，光皇帝就生出了兩個，即赫赫有名的世宗司馬師、太祖司馬昭，於是越想越羞愧，就放出風聲，說不吃飯了，想自殺。這張皇后的兒子們聽到母親絕食，也跟著母親一起絕食抗議。司馬懿聽了這才大吃一驚，餓壞了「老物不足惜」，這兩個有才華的寶貝兒子有個三長兩短，以後誰來尊他為晉高祖啊。所以趕忙來向長滿壽斑的老婆請罪，結局才皆大歡喜。但我想來想去，總覺得這些事情和西方的絕食並非異曲同工，而是摻雜著一種有恃無恐的性質，也就是說，實施它並非請願哀求，而是類似於威脅。那麼，賦予它什麼詞好呢？我覺得可以是「吾無以名之，強名之曰撒嬌」。因為絕食者不是皇帝就是皇后、嗣皇，地位高得嚇人，他們的絕食之初，就等於在勝利的紀念碑基座培上了第一鍬土，沒有半點懸念。作為一名觀眾，見怪不怪，我無論如何不能不覺得索然寡味。

把任何一件嚴肅的東西都可以弄得像撒嬌，不知道是不是中國才有。我想，以前的人真是幽默。於地下問之，他們將不約而同地矢口否認。

權利與義務

與《論語》相比，我更愛看《禮記》和《孔子家語》，因為故事多，不像《論語》多是隻言片語的，過於惜辭。簡潔本來是件好事情，無奈有時讓人感覺到喉不到肺。所以說「過猶不及」，的確是真理。下面就抄一段《禮記》的故事說：

工尹商陽與陳棄疾追吳師，及之。陳棄疾謂工尹商陽曰：「王事也，子手弓而可。」手弓。「子射諸。」射之，斃一人，韔弓。又及，謂之，又斃二人。每斃一人，掩其目。止其御曰：「朝不坐，燕不與，殺三人，亦足以反命矣。」

故事的主角商陽是個工尹，其實官也不小了。他和公子棄疾一起去打仗，追擊吳國軍隊。眼看追上了，作為專職射手的他這時卻裝聾作啞。棄疾提醒他：「喂，這可是為大王效忠的好機會啊，還不快射？何況你平日號稱射技出眾，這回正好讓我見識見識。」商陽這才慢條斯理地從背包裡拿出弓來，但仍遲遲沒有搭箭的意思。棄疾這下急了：「你還不快射，不射就讓他跑了。」商陽沒辦法，只好搭上箭，嗖的一箭將敵人射倒，又馬上將弓放回包裡。駕車的御者接著催馬去追其他敵兵，不多時又追上一個，商陽這回仍想裝傻。棄疾卻搓著雙手，興奮地催他：「又一個，快，快射。」商陽無奈，只好把弓拿出來又射。就這樣一連射死了三個。看樣子他心腸很軟，每射死一個，都要捂著眼睛，也許還要擦擦淚珠。不過他的真實想法很快就暴露了，當第三個吳人死在他箭下後，他還弓入囊，對車伕說：「回去回去，我在楚國，朝會時沒有座位坐，宴飲時也沒資格上臺階，我憑什麼這麼賣力啊？」車伕的地位也不高，聽了這番話鼻子都酸了，「心有戚戚焉」，馬上將馬車掉頭，往來的方向飛馳而去。

這真是一個有關權利和義務的絕妙故事。如果商陽不說出最後那句話，我會鄙視他的。什麼人啊，上了戰場還哭哭啼啼。哪知道他的收兵回家，並非因為覺得殺人太殘忍，而是鬧情緒，按照他的地位，殺三個人足以交差了。他的意思是，如果他官做到了令尹那麼大，自然也會多殺幾個。是啊，食君之祿，死君之事。官為令尹而僅殺三個人就回家，對得起君王發給你的豐厚薪資嗎？對得起朝廷封給你的高顯的官職嗎？記得看好萊塢電影《蜘蛛人》的時候，有一句很有名的臺詞：「能力越大，責任也就越大。」同樣，薪資越高，權力越大，責任也就越重，義務也就越多嘛。

於是又回溯起國中時讀〈曹劌論戰〉的故事了，曹劌說要去幫助國君獻計獻策以對付齊兵。他的朋友勸他：「人家那些天天吃肉的高官在那考慮呢，你小子何必趕去湊那個熱鬧。」曹劌正色道：「吃肉的那幫高官們個個見識鄙陋，目光短淺，沒我還真不行。」我那時覺得這個曹劌非常高尚，而他那朋友特別庸俗可恥。是啊，國家興亡，匹夫有責嘛，怎麼能因為沒肉吃就一味鬧情緒推諉呢。後來經歷了一些世事，又對照上面《禮記》這段故事看，發現曹劌的朋友說的也不是不語重心長。本來就是嘛，這國家是魯國貴族老爺們的，他們天天吃著肉，國家治理不好，藿食者們能有什麼責任？當然曹劌也沒錯，如果齊國打來，不幫助肉食者謀之，最後肉食者還不是要抓老百姓當兵嗎？老百姓當兵未必是情願的，也許一部分上了戰場就一哄而散，一部分乾脆就投降，這名目應該會叫做「魯奸」。

好在天下逐漸大同了，「魯奸」這樣狹隘的小群體也就自然一哄而散，但更遠的異族打來時，仍舊因此會有不斷的投降者。當然那名目也跟著換了，由國家之奸變成了民族之奸，也就是我們鄙棄之極的「漢奸」。

不過真正的漢奸應該是很少的，因為在歷史上，真正的有權利者太少。

古人的相貌和生理自卑

和現代人一樣，古人很重視相貌，如果一個人相貌不佳，可以說會處處碰壁。比如想當官，估計指望就不大，因為選拔官吏的條件就有相貌這一關，你要是長得抱歉，還怎麼去「親民」呢？還有的人就算當了官，如果中途被人劃傷了臉，官位也別想保住。所以漢代有一個報私仇的辦法，就是買通刺客去毀仇人的容，使之免官。這樣看起來似乎比殺了仇人要仁慈一點，但你要知道，有些人天生的官癮大，沒官做簡直生不如死，可見相貌不佳的可憐。相反，有些人本事不大，但是長得相貌堂堂，那就可以平步青雲。比如西漢時期的江充，不過是個趙國的亡虜，逃亡到長安，因為長得帥，就馬上得到武帝信任，不久拜為水衡都尉，煊赫一時，連太子都被他害死了；還有車千秋那傢伙，七老八十的還僅僅當著一個叫高廟寢郎的二百石小官，武帝見他「體貌甚麗」，是個典型的老帥哥，非常喜歡，馬上拜為二千石的大鴻臚。這些事蹟雖然讓人看著眼饞，但心平氣和地想一下，也只有認命，人家帥那是父母給的，遺傳基因好，我不帥頂多不當官嘛，大不了「日出而作，日落而息」就是囉，有什麼辦法？可是你萬萬想不到，有時長得帥還可以救命。西漢開國功臣韓信有一次犯法當斬，按照規矩，他被扒光了衣服把腦袋按到砧板上等著挨刀。韓信這傢伙一向自以為是，當然不甘心死，於是死馬當著活馬醫地垂死掙扎喊了一句：「難道主上不想得天下嗎？為什麼要急著斬掉像我這樣的壯士。」監斬官叫夏侯嬰，是劉邦的好兄弟，聽到他喊，就跑過去看了一眼，發現韓信這傢伙長得的確還行，竟然饒了他，還把他推薦給劉邦，從此南征北戰，拜將封王，厲害得不得了。除了韓信之外，北平侯張蒼因為長得「身長大，肥白如瓠」，讓監斬官王陵覺得殺了可惜，也同樣撿了條命，最後還當了宰相，制定了很多律曆，名垂青史。可見大丈夫活在世上，真是不可以不帥，否則就算不想過好日子，關鍵時候連逃命的資格都沒有。

當然長得不帥卻活得很精采的人也有，但這種人一般都很有後臺，普通百姓別想指望。比如西漢武帝時期的武安侯田蚡，史書上說他「貌寢」（國學大師黃侃認為「寢」是「醜」的通假字），也就是那張臉長得頗影響長安市容。我們知道，西漢的皇帝大多有點龍陽之興，喜歡美女的同時對美男子也饒有興趣，像田蚡這樣的醜哥要得到寵幸本來有點困難，但人家是景帝王皇后的同母弟弟，後臺太硬，所以在武帝時期能當到宰相。醜人多作怪，這傢伙當上宰相後，架子端得十足，在親哥哥面前也不例外，還美其名曰那是尊崇朝廷的相位，不能因為親哥哥的緣故而曲法。話雖然說得冠冕堂皇，其實分析起來，恐怕有自卑心理在作怪。因為他非常怕別人輕視，所以當然就要首先在行為上擺出高人一等的架勢。後來他和魏其侯竇嬰爭寵，搞得灌夫家破人亡，竇嬰身首異處，自己也在恐懼幻覺中死掉，歸根結底不過是為了爭個面子。如果田蚡這傢伙長得帥一點，為人處世的方式或許就會大大不同呢。這種可能性不是沒有的，按照奧地利有名的心理學家阿德勒（Adler）的說法，每個人生來都有自卑的心理，而在生理方面有缺陷的人，他們的自卑心理還要遠遠超過一般人。雖然這種自卑能帶給人們動力，促進成功，但也有可能自暴自棄，帶來毀滅。田蚡他成功了，但也毀滅了，簡直把阿德勒他老人家的學說全盤吸收，各方面都吻合得天衣無縫。

當然，以上講的是一些為人臣者自卑的情況，如果碰上當主子的人，這種自卑常常會讓他們大開殺戒，三國時候著名的歷史人物曹操和劉備就是兩個這樣的典型。

說起曹操，我總會感慨，這傢伙寫起詩來挺豪邁的，我每次讀，面前總會出現一個英武豪邁的梟雄形象，真是天之驕子。不過這世上的人一向是人不如其文的，寫出精彩華章的人往往形象猥瑣。就拿與他同時代的才子王粲來說吧，曹丕說他「獨步漢南」，詞賦找不到對手，之前的古人也未必比得上。可是他長得也有點對不起觀眾，荊州牧劉表本來想把女兒嫁給他，但看他那副尊容，實在上不了臺面，只好抱歉地說：「君才高而體陋，非女婿才也。」曹操也是如此。他長得怎麼樣？《三國志．魏書》本傳裡雖然沒有明說，但《魏氏春秋》裡提到他「姿貌短小」，可見是個矮子，確實有礙觀瞻。《世說新語》裡也揭露了曹操對自己的相貌很自卑，有一次匈奴使者來拜見，他左思又想，覺得自己相貌太差，不足以「雄遠國」，於是找著名的帥哥崔季珪去代替自己接見，自己則假裝提刀站在侍衛身後。這本來也說得過去，畢竟是外國使者，找個帥哥去能撐得起場面，不至於有辱國格。何況這也是有傳統的，西漢成帝時的宰相王商身長八尺多，「身體鴻大，容貌絕人」，有一次匈奴單于去未央宮白虎殿朝見皇帝，路過未央宮時，看見王商坐在那裡辦公，客氣地上前拜謁。王商按照禮節站起來還禮，身材足足要高匈奴單于一個頭，單于只能仰視他，陡然看見他站起來的帥樣子，竟自卑得連連後退了幾步。皇帝聽說了這件事，大為自豪，得意得哈哈大笑：「好！這才配得上當我們大漢的宰相啊！」可見一個人長得歪瓜劣棗是不配當外交官的。這點曹操心裡不會沒有數。

話說接見匈奴使者的事情過後，曹操又派人悄悄去問匈奴使者：「魏王長得怎麼樣啊，是不是很帥？」不知道那匈奴使者是識破了曹操的那套掩耳盜鈴的把戲呢，還是別的什麼原因，總之他老實而又含蓄地回答說：「魏王長得確實不賴，雅望非常，但床頭的那位捉刀人才是真正的英雄！」曹操一聽，竟馬上派人追殺了那個匈奴使者。我們知道，曹操這個人是很懂法家的御下之術的，他不喜歡讓別人猜到自己的想法，何況是這種要命的自卑心理，而他竟被這個不識相的匈奴使者一下子看穿，那還怎麼能讓他活下來呢？曹操這種行為，看似莫名其妙，其實深刻反映了他的矛盾心態。由此我不得不感慨，正如阿德勒所說，一個人對自己身體的自卑是所有自卑裡最可怕而又無可奈何的一種。學識不夠可以靠勤奮彌補，錢財不夠也有努力掙得的機會，唯有長得不帥卻無可奈何，就算在整形手術非常發達的今天，也不能完全改變一個人的形象面貌。而如果一個人的形象面貌不能改變，那麼你想改變他的精神面貌也只能是痴心夢想。生理的自卑是人的軟肋，你不要隨便去碰。如果對方是個普通人還好，如果對方有權有勢，那你未免有性命之憂。從這點去考慮，那個匈奴使者死得實在不算冤枉。

大家或許認為曹操本來就很殘忍，他這樣的做法不具備代表性。那麼在三國的君主中，劉備應該算是最寬於待人的了，可是他的生理缺陷你也惹不得，否則照樣只有死路一條。在《三國志·蜀書》裡記載，劉備這人身長七尺五寸，約等於今天的一百七十三公分，雖不是很高，但也不算太矮，形象似乎還過得去。只是我們不要忽視，劉備這傢伙有個重大缺陷，那就是他不長鬍鬚，下巴光溜溜的，像個太監。相比以美髯聞名的關羽，實在天差地遠。據相書上說，這種男生女相的傢伙常常是大貴之相，劉備最後割據益州，成為一方諸侯，也算印證了這種說法。但男人究竟以長鬍鬚為美，這是當時的共識。在漢樂府民歌〈陌上桑〉裡，那個採桑的美少女在誇獎自己的丈夫時，就神氣活現地形容其「鬑鬑頗有鬚」，而沒有說他「下巴光溜溜」，就是明證。當然今天的男子一般把鬍鬚拔得精光才顯得英俊，和那時的風俗是不同的。總之，劉備平時也以自己長著一副太監相為恥，可是他萬沒料到竟然有人敢當眾揭掉自己這一瘡疥。這個人就是蜀中有名的才士張裕。

說起來那是劉備初入蜀時的事了，他當時受到了益州牧劉璋的熱烈歡迎，賓主座談期間，劉璋的從事，也就是辦公室祕書長張裕也在座。張裕這傢伙形象也不佳，滿下巴連鬢鬍鬚，還四處蔓延，像墓地上的亂草一樣，把嘴巴也遮得無影無蹤。張裕長成這副德性，就我們亞洲人來說，是不多見的。因此平常厚道的劉備這次也忍不住跟他開起了「善意」

的玩笑：「我說老張啊，當年我住在涿縣的時候，當地姓毛的人很多，鬧得涿縣縣令因此感嘆，這簡直是群毛繞著涿居住啊。」古人把肛門稱為「豚」，和「涿」的讀音相同，劉備這句話是諷刺張裕的嘴巴如同肛門一樣。這個玩笑開得實在很離譜，很不厚道，要是那時劉備已經奪取了益州，那麼張裕大概也只能忍氣吞聲，自認倒楣了。而那時劉備也不過是人家劉璋的座上客，竟敢如此無禮！作為益州從事的張裕哪嚥得下這口氣，於是當即反唇相譏：「老劉啊，我這裡也有個笑話。從前有個在上黨郡潞縣做縣長的人，升為涿縣縣令，後來辭官回家了。有人寫書信給他，抬頭不知怎麼稱呼他好，如果寫潞縣縣長吧，又不能概括他當過涿縣縣令；如果寫涿縣縣令吧，又丟掉了潞縣縣長這名號。於是乾脆在抬頭稱呼他為『潞涿君』。」老實說，張裕這個回罵也挺刻薄的，因為「潞」和「露」音同，而所謂的「潞涿」就是「露豚」，他罵劉備為「露豚君」，也就是說劉備的嘴巴像光溜溜的肛門露在那裡。劉備當時氣得要命，但又沒辦法，過些年當上漢中王後，硬是找了個藉口把張裕下獄斬首了。當時諸葛亮還勸劉備說：「主公啊，我們益州人才本來就緊缺，不要隨便殺賢人啊。殺一個就少一個啊，實在不行，等我們統一天下了再殺吧。」可是劉備懷恨在心，已經急不可耐，含糊地回應：「唉，芳蘭生門，不得不鋤啊。」言下之意是，張裕這傢伙的確有才，像那香氣馥郁的蘭花一樣，可是生長在我的門口，讓我進進出出不方便，我不能不鋤掉。他沒有好意思明說這傢伙諷刺我的生理缺陷，我能曉得了他嗎？張裕千不該萬不該只圖過個嘴癮，弄得白白丟了性命。這是應該讓我們感嘆的。

說了這麼多，最後總結一下本文的中心思想：透過以上我們的分析，我們似乎可以得到教訓，那就是，人的生理自卑是很可怕的東西，最好不要碰，否則可能兩敗俱傷。

無賴子

宋代有個叫錢君倚的人，為人非常厚道，和當時的名流蘇東坡、司馬光、王安石、梅堯臣等都有來往。有一次很不幸，父親死了，他跑回老家服喪，一去就是三年。好在朝廷幫他留著官位，回來安排的是做江寧府的知州。才上班沒幾天，有個常州男人來拜訪，開口就是要錢：「先自我介紹一下，我是你老爸的故交。你老爸活著的時候，我借了他一百萬。現在你老爸沒了，錢不能不還，你說該怎麼辦吧。」

錢君倚一聽，不得了，老爸的故交啊，那就是父執了，不能怠慢，趕忙用菸酒招待，之後送到賓館去，吩咐酒肉侍候，答應湊齊了錢，馬上送到，完全沒有問借據的事。這也可以理解，頭腦裝了儒家思想的人，聽見父母兩個字，一個叫「孝」的倫理火焰騰騰升起來，立刻會頭腦短路。親爹的朋友啊，怎麼好意思問借據？何況老爸完全有可能是口頭借的，人家信任他，還沒跟他要借據呢！

親愛的朋友們，這件事當然可以作為中國是禮儀之邦的證據，不過要證明現在仍舊是禮儀之邦，只怕還不夠。

我們繼續講這個故事。

話說討債的在賓館吃喝玩樂，等錢入帳。有幾個常州老者，不知道怎麼打聽到這件事，跑到賓館去一看，天啊，這不是家鄉的無賴王二小嗎，竟敢跑到省城來行騙，還冒充高官親友，太無恥了。於是他們七嘴八舌責備他：「人家錢公子三年在家服喪，一分錢都沒有，窮得叮噹響，現在才上班，這月的薪水還沒領呢，哪有那麼多錢讓你騙？」意思是，你使壞可以，但不能矇騙好人。

無賴王二小當然嗤之以鼻：「他自己蠢，關我屁事。」他說這句話的時候，有恃無恐，因為那時沒有錄音機，就算對方轉述給老實人錢君倚，也可以來個死不認帳。

老者們果然跑去告訴錢君倚：「公子啊，那是個騙子，他自己都承認了。您可不能把錢給他。」

寫到這裡，我想發點感慨。大家經常說「人心不古」，看來還真有點道理。他們勸完原告勸被告，希望世界上少一樁詐騙案。王二小也怪，目睹同鄉這幾個老不死的想斷自己財路，也不會惡狠狠地威脅一下，任由他們去「胡說八道」，看來騙亦有道啊。

錢君倚很配合王二小，對老者們說：「這怎麼行，要是我父親真的欠人家的錢呢？」老者們啞口無言，一起散了，一邊還紛紛議論著。錢君倚湊夠了一百萬，果然送去給無賴子。無賴子高高興興回到家鄉，一百萬啊，在宋代後期，可以買二十頭牛，按常州房價，買套房，足夠一次性付清全款。因為正是在常州，蘇東坡曾經花兩百五十萬買了一套帶花園的大宅子，但人家有花園，錢多一些很正常。

然而常州的民風實在太淳樸了，粗暴地干涉了這件不公。

無賴王二小一回家，全縣城的人都知道他行騙歸來，每天自發跑到他家指責嘲笑的人絡繹不絕。眾口鑠金，在這種嚴峻的道德審判下，騙子王二小受不了了，竟然在一個月黑風高的夜晚，自掛東南枝，用一條繩子結束了自己的生命。

看完這個故事之後，我想寫一點讀後感。

首先，我要大力讚美北宋末年常州人民的道德感。雖然說，家鄉出了王二小這樣的爛人，但實際上在常州人民的薰陶下，王二小爛得並不徹底。他與生俱來的人格尊嚴並沒有完全泯滅，在鄉人們的道德感召下，他選擇了死。而真正的流氓，是絕對不怕罵的。你罵得再猛烈，他也怡然自得。

第二，我悲嘆王二小只是個文弱的騙子，而且沒有拉幫結夥。否則倚靠團體的力量，他一則可以製造輿論美化自己，洗清自己的汙點；二則還可以倚靠人多勢眾，採取武力威脅。誰敢胡說八道，一擁而上就是一頓暴打，那時候，就算常州人品德再高，在暴力下只怕也只能閉嘴。王二小耳不聞，心不煩，當然也就不會自尋死路。

第三，如果王二小繼續發展自己的力量，那麼連腹誹也不是不可以禁止，等到群眾道路以目，那樣整個常州基本就太平了。

當領導者的資格

春秋時期，楚平王派他的長子王子建去城父掛職。稍微有點學識的人都知道，城父是個古城，中國第一個起義領袖就是在那附近掛掉的，當時是楚國的北境。王子建被貶去城父，原因說起來，很不登大雅之堂：他的未婚妻被他的老爸楚平王看上了，變成了他的小媽。大概老爸也實在有點不好意思，就勸慰他：「孩子，你要是覺得心裡不好受，就去城父散散心吧。」

《孝經》裡說，資於事父以事君，王子建倒楣，兩樣都占了，但也只能打落牙齒和血吞。他一路往城父趕，這一天，忽然發現路邊有一片耕好的田。王子建覺得很新鮮，下令停車，把正在耕田的人叫過來詢問：「喂，我是王子建，你把土塊翻來翻去的，這叫做什麼呀？」

耕田的人名叫成公幹，他用了一個當時的通用詞來回答：「這，疇啊。」翻譯成現代漢語，就是我們前面說的：耕好的田。

王子建很驚奇：「疇，那是做什麼用的？」

成公幹說：「種麻用的。」

「麻又是什麼東西？」王子建很有刨根究底的治學態度。大概因為他的內褲都是綾紈做的，實在不明白麻有什麼用。當然，你也可以說，這傢伙簡直是個徹頭徹尾的白痴。

成公幹倒也有耐心：「麻，是做衣服的重要原料啊。」他忽然覺得不能就這麼算了，乾脆坐直身體，教育起尊貴的王子來：「當年我們楚國的先君莊王北行，也在我們這裡借宿，吃飯時他發現主人提供的酪羹沒有酸味，當即風趣地指出：『是發酵的罈子沒蓋好吧？』您看，我們先君多英明啊，他連製酸酪這種技術都懂，您卻不明白麻是織布原料。依我看，王子您別想當上楚王囉。」

以上故事來自出土的戰國楚簡〈平王與王子建〉，相似的內容還記載於傳世古籍《說苑·辨物》，不過情節略有差異。在後者中，楚莊王懂得的不是製酸酪的技術，而是另一種可以設立博士學位的學科——溝渠及下水道治理。但兩個版本的中心思想是一致的，都是批評王子建不識稼穡之艱難，而頌揚先王的多才多藝。

彷彿成公幹是個很睿智的預言家，後來的王子建果然沒當上楚王。老爸派人去殺他，他只好流亡國外，最後死在鄭國人手裡。不過，只要喜讀古書的都知道，這類故事大多為馬後砲，都是知道了結果來逆推的，是那個時代儒家學派的宣揚儒學用的讀物，當不得真。但它反映的中心思想則有一定的正義性：在人們的心目中，一個不識稼穡之艱難的王太子，很難想像即位後能治理好國家，會對老百姓好。與其生活在不確定的恐懼之中，不如在書裡就把他「賜死」，豈不快哉？

但做國王，真的需要識得稼穡之艱難，真的需要懂得製作奶酪，真的需要了解下水道清理技術嗎？對這個問題，我堅定地搖頭：不。

因為歷史上很多不懂耕田和製奶酪的貴冑公子，都順利當上了國王甚至皇帝。魯哀公就曾對孔子說：「寡人生於深宮之中，長於婦人之手，寡人未嘗知哀也，未嘗知憂也，未嘗知勞也，未嘗知懼也，未嘗知危也。」但人家還不是好好地做著國王嗎？漢文帝生下來就錦衣玉食，竟成了中國最成功的皇帝。所以，當領導或者當一個合格的領導者，和懂耕田、製奶酪以及疏通下水道沒有半毛錢關係。

王子建之所以沒當上楚王，是因為未婚妻被老爸霸占，苦主不殺，罪犯不安，沒有什麼高貴的作案動機。他的未婚妻為他老爸生的兒子，也就是後來的楚昭王，即位時還不到十歲，我們總不能說，那個小學還沒畢業的孩子比大學畢業生王子建更有資格當楚王吧？

那麼，真正當領導者的資格是什麼呢？很簡單，他可以不懂耕田種菜，可以不懂製作酸酪，也可以不懂疏通下水道，但他必須懂得不要去折騰百姓。從中國歷史來看，領導者越喜歡折騰，百姓越過得生不如死。如果在現代社會，他還必須懂得，他的職位來自納稅人的選票，他的權力也必須受到各種詳細的法律條文和機構的制約。這樣的話，就算他無知到把鹿認成馬，把馬當成老虎，他依舊會是一個合格的領導者。

最後我還想誇獎一下成公幹，這真是一個生活在春秋時代的農夫，雖然他的觀點腐朽，但勇氣可嘉。他不亢不卑，竟敢直言教訓王太子；而現在的人，敢當面頂撞上司的只怕是鳳毛麟角。

貴族的自尊心

我們都知道，貴族的脾氣很大，這倒不是說，他們喜歡對僕人發脾氣，那是暴發戶，而不是貴族。貴族有點像魯迅所說，當他們拔劍而起之時，是對更強大者說不。欺負弱者的貴族，我很少在史書上看到。貴族發脾氣，大多是因為自尊心受損，和貴族打交道，這點不可不知。很多貴族，就死於超強的自尊心。當然，按他們自己的說法，那叫榮譽。

有個叫宋殤公的貴族就是被這種所謂的榮譽害慘了，看他的謚號，就知道他多命苦。

他一即位，就開始跟鄭國打仗，糾集了好幾個同盟國——衛、陳、蔡、魯，伐鄭。鄭國不甘心，按照春秋時禮尚往來的規矩，第二年約了郲國「報伐」，一直攻入了宋都的外城。宋殤公趕緊派了使者去向同盟者魯國求援。當時執政的魯隱公也不知怎麼搞的，裝模作樣地問：「敵人打到哪了？」使者急了，沒好氣地回了一句：「還好，沒攻入內城。」意思是，敵兵打到外城了，所有人都知道，你還裝什麼蒜。魯隱公一聽也怒了，好，你是貴族，脾氣大，可我老人家也不是普通百姓，憑什麼受你的氣，於是冷笑：「貴國國君派你來這，叫寡人和貴國同患難，寡人剛才問你軍情，你卻說還沒入內城，看來貴國的防守做得不錯啊，寡人這著急倒是多餘了。送客。」

使者氣呼呼地回國，好在春秋前期諸侯相攻大多不會玩大，給點顏色瞧瞧後就會撤兵。敵兵撤退後，這年冬天，宋殤公也發兵，依例「報伐」鄭，攻占了鄭國的長葛。鄭國覺得這樣沒完沒了打下去也不是辦法，決定和宋國媾和。宋國也同意，於是雙方在宿地會晤，正式簽訂和約。

魯隱公聽說同盟倒向了鄭國，有點害怕，於是反思了一下自己的行徑，覺得雖然宋殤公及其使者的脾氣不大好，但自己也不是那麼完美無瑕。當時人家被鄭兵攻破外城，火燒眉毛了，自己不立刻發兵，還跟人家開座談會，確實有點不上道。在這種內疚的心理驅使下，魯隱公做了一件事補救：發兵攻打郲國。

這件事是做給宋國看的：上次我錯了，辜負了我們的情誼。這次我教訓一下郳國，替你出氣，你該原諒我了吧？

誰知宋殤公因為上次氣得很，對魯國的主動示好很冷淡，沒有絲毫回應。魯隱公等了半天，沒等到消息，心中很是失落。不過郳國小得不值一提，自己伐了它，實在不足特別炫耀，也就罷了。好在兩年過後，有件事讓他重新燃起了熱情。

原來這一年，因為宋殤公不去朝見周天子，讓周天子不高興了。當時兼職周王左卿士的鄭莊公正義之火熊熊燃燒，悍然撕毀了和宋國的盟約，要大義滅親，替天行道。很快，他打著周王的旗幟，開往宋國，興師問罪。

聽到這個消息，魯隱公樂開懷。注意，如果你這時候懷裡揣著小人之心，最好馬上扔掉。人家魯隱公是堂堂貴族，不會幸災樂禍的，那不符合貴族倫理。他只是天天站在城樓上，朝著宋國的方向眺望，希望能看到一騎紅塵從宋國飛馳而至，氣喘吁吁地報告：不好了，鄭國入侵敝國了，求求您，發兵救救我們吧。

但是直到戰爭的硝煙散盡，魯隱公也沒等到半個信使。也就是說，宋國沒打算原諒他，寧願挨打，也不屑向他求救。他氣得輾轉反側，幾天後，黑著眼圈下了一道痛苦的命令：「去，給我驅逐宋國的外交官，讓那個宋殤公見鬼去，寡人現在正式宣布，跟那宋國一刀兩斷。」

宋殤公要是知道魯隱公這麼痛苦，他或許會有些快意，自尊心終於挽回了。不過，很快他自己也付出了代價，因為緣愛成恨的魯隱公糾集了齊國人，加入了鄭國討伐他的陣營。在強大的軍事壓力下，宋殤公不久轟然倒臺。還有一個很有名的人為他陪葬，那個人叫孔父，是孔子的先祖。

過節與吃肉

予生也早，小時候不能像現在的孩子，餐餐有肉吃，要吃，得等到過節。所以，在腦子裡，過節的概念幾乎等同於吃肉。這樣的詞義引申，大是迂曲，會讓語言學家們很頭痛的。他們最好要有一點文化人類學的常識，再加上一點對我等窮人的體恤之心。

我堅持認為，過節的熱鬧，都是吃肉帶來的，否則，縱使外面如何熱鬧，鞭炮如何齊鳴，帶給自己的只有悲哀——面對冷鍋清灶，只有一死解愁了。反之，有肉吃也就等同於過節。只有吃肉，才能吃出熱鬧氣氛，梁山的好漢們，追求的不就是這種生活嗎？大口喝酒，大口吃肉，今天看來很樸拙的理想，當日卻要把頭顱別在褲腰帶上，用鮮活的生命去交換。

看《孔子家語》，有個故事很感動。魯國在舉行臘祭，也就是年底民眾的狂歡。孔子也帶著一幫弟子去觀賞，笑著對子貢說，你看見他們，心裡快樂嗎？子貢不屑地說，這個國家的人都瘋了，我看不出其中有什麼快樂。孔子教訓他道，唉，你懂得什麼啊？百日之勞，換來的不過是這一日的快樂，此乃上天賜予的恩澤，也是人生的意義所在啊。有張有弛，才不會覺得生活單調嘛！

我從他老人家的回答中讀到的是淒涼，生命之艱難而易於滿足，盡在其中了。節日不過是人生那麼點可笑的安慰品，人們痛苦於生存的勞頓，才費盡心思為自己找了這些許可憐的歡樂。在一年的三個節日中，他們可以理直氣壯地暫時從糟糠之食中抬起頭來，享受一下肉食的美味。吃肉，對先民們來說，有何等豐富的文化內涵。

然而，對不久前的現代，又何其不然？記得我在唸高二時，過年，在舅舅家吃飯，他「從容」問我道，現在你們家能不能半個月吃上一次肉？我說不能。當時極為羡慕舅舅家的生活，因為他是有條件時不時買肉吃的。天啊，寫到這裡我不得不中斷，來感嘆一下，「吃肉」這兩個字的背後，竟站著那樣一排排的心靈滄桑讓我時時可以巡行檢閱，從而嗟嘆不已。

以前讀《左傳》，偶爾要凝想一番，春秋時的貴族是不愁沒有肉吃的，他們每天上班，提供的工作套餐一定要有肉食，而且還得是像樣的肉食，不能馬馬虎虎。齊國的一個貴族，就因為某日上班，發現自己辦公桌上的工作餐只有兩隻野鴨而大發雷霆，乾脆把盤子摔掉，駕起馬車回家招集家卒，去攻擊執政的首席大臣——那個人竟敢如此不給自己面子。這記載實在讓我大吃一驚，兩隻鴨的午餐，還嫌規格降低了，大概平時都遠超四菜一湯的標準。我馬上就產生了對黑暗的貴族特權的無比憎恨。那時我們的老百姓吃什麼？漢樂府裡有首詩叫〈長歌行〉，風格樸質中還稍有婉孌：

青青園中葵，朝露待日晞。
陽春布德澤，萬物生光輝。
常恐秋節至，焜黃華葉衰。
百川東到海，何時復西歸？
少壯不努力，老大徒傷悲。

詩是讀得朗朗上口，可要是從漢代畫像磚上，知道了那時的老百姓們每天把這種青葵當菜吃，恐怕就不是那麼有滋味了。再可鄙的生活，也能被文字書寫得詩意盎然，也能提煉出警句。唉，我真服了這些文人們了。

天天以葵菜下飯的日子不好過，即使夾雜點蔥、韭，那也遠不如葷食能給人足夠的能量。於是精壯的漢子們就只有去偷竊、去搶劫，為的是大塊吃肉，這和現在的強盜們搶劫的目的是為了過得奢華，有香車寶馬完全不一樣。讀出土的《睡虎地秦簡·法律答問》的時候，會讓我時時發笑：

（問：）夫盜三百錢，告妻，妻與共飲食之，何以論妻？

（答：）非前謀也，當為收；其前謀，同罪。

（問：）宵盜，贓值百一十，其妻、子知，與食肉。

（答：）當同罪。

（問：）宵盜，贓值百五十，告甲，甲與其妻、子知，共食肉。

（答：）甲妻、子與甲同（罪）。

案例的詢問竟然都是說，某人偷盜得錢，和他的妻子兒女一起買肉吃，該怎麼處置？回答是，既然妻子兒女一起吃了肉，那麼當然應該和他們的丈夫或者老爸同罪啦。大概當時的農民實在熬不過，以偷盜滿足口腹之欲的太多，已經成了社會問題，所以才會有律令上這樣不厭其煩的記載。的確，有肉吃才會知禮節，能做到飯疏食，曲肱而枕之，不當一回事的人何其少也。要是我生活在那時代，會不會為了能吃頓肉去偷竊呢？

電子書購買

國家圖書館出版品預行編目資料

歷史不是傳說：打仗將領先單挑，約飯局要兩年後再見？那些年，古人的小確幸和鳥日子 / 史杰鵬著 . -- 第一版 . -- 臺北市：崧燁文化事業有限公司 , 2022.07

面； 公分

POD 版

ISBN 978-626-332-501-2(平裝)

1.CST: 中國史 2.CST: 通俗史話

610.9　　111010022

歷史不是傳說：打仗將領先單挑，約飯局要兩年後再見？那些年，古人的小確幸和鳥日子

臉書

作　　者：史杰鵬

發 行 人：黃振庭

出 版 者：崧燁文化事業有限公司

發 行 者：崧燁文化事業有限公司

E-mail：sonbookservice@gmail.com

粉 絲 頁：https://www.facebook.com/sonbookss/

網　　址：https://sonbook.net/

地　　址：台北市中正區重慶南路一段六十一號八樓 815 室

Rm. 815, 8F., No.61, Sec. 1, Chongqing S. Rd., Zhongzheng Dist., Taipei City 100, Taiwan

電　　話：(02) 2370-3310　　傳　　真：(02) 2388-1990

印　　刷：京峯彩色印刷有限公司（京峰數位）

律師顧問：廣華律師事務所 張珮琦律師

定　　價：299 元

發行日期：2022 年 07 月第一版

◎本書以 POD 印製